Félix Sardá y Salvany, Ulrich Lampert, Joseph Scheicher

Der Liberalismus ist Sünde

Félix Sardá y Salvany, Ulrich Lampert, Joseph Scheicher

Der Liberalismus ist Sünde

ISBN/EAN: 9783743315532

Hergestellt in Europa, USA, Kanada, Australien, Japan

Cover: Foto ©Lupo / pixelio.de

Manufactured and distributed by brebook publishing software
(www.brebook.com)

Félix Sardá y Salvany, Ulrich Lampert, Joseph Scheicher

Der Liberalismus ist Sünde

Der
Liberalismus ist Sünde.

— · — ✕ —

Brennende Fragen

von

Monsignor Dr. Felix Sardà y Salvany.

Nach der 7. Auflage des spanischen Originales mit Erlaubnis des Verfassers
in's Deutsche übertragen

von

Ulrich Lampert.

Mit einer Einbegleitung

von

Monsignore Dr. Josef Scheicher,
Professor der Theologie.

Mit Approbation **der heil.** Indexcongregation und **des** Hochw. fürsterzb. Ordinariates Salzburg.

> Nenne **man** ihn Rationalismus, Socialismus, Revolution oder Liberalismus, er wird immer vermöge seines Verhältnisses und selbst seines Wesens offene oder geheime, jedoch radicale Leugnung des christlichen Glaubens sein.
>
> (Hirtenschreiben der hochwürdigsten Prälaten der Kirchenprovinz Burgos.)

Salzburg, 1889.

Matthias Mittermüller, Buchhändler des **heiligen** Apostolischen **Stuhles.**

Einbegleitung.

Im März des Jahres 1889 fiel von Seite eines Abgeordneten des österr. Reichsrathes (Graf Wurmbrand) ein gar merkwürdiges Wort: „Wir erklären den liberalen Staat, der sich als moderner Staat repräsentirt, als die Durchführung der christlichen Principien." Dr. Eduard Sueß, den vor einem halben Jahre die gesammte Wiener Universität einstimmig zum Rector dieser stiftungsmässig kath. Hochschule erwählt hat, obgleich oder vielleicht theilweise weil die Worte dieses Mannes Hass und Verachtung der kath. Kirche zu athmen pflegten, erschwang sich um dieselbe Zeit und gelegentlich desselben Anlasses zur Behauptung, dass ein Bernhard von Clairveaux, ein Franz von Assisi heute auf Seite der Liberalen stehen würden.

Diese mehr lächerliche als beleidigende Sentenz sprach er in derselben Rede aus, in der er die Schulbrüder Parasiten, die Jesuiten Heuchler und Pharisäer, die thatkräftig für das katholische Princip kämpfenden Priester Kaplanokraten zu nennen die dreiste Stirne hatte. Die Gesinnungsgenossen von der Linken, leider zumeist getaufte Oesterreicher, erröteten nicht, ihm Beifall zu spenden und zur Rede noch besonders zu gratuliren.

Während diese und ähnliche Dinge sich in unserem Vaterlande der Unwahrscheinlichkeiten ereigneten, wurde mir der erste Abzug einer aus dem Spanischen übersetzten Schrift, Dr. Sardás: „Liberalismus ist Sünde", vorgelegt mit dem Wunsche, dieselbe in das österreichische, bezw. deutsche Publikum einzuführen. Da ich den Liberalismus nicht nur in fast zahllosen Artikeln, sondern auch in eigenen Broschüren und insbesondere in meiner „allgemeinen Moraltheologie" bekämpft habe, da ich diesen im Syllabus (80. Th.) verworfenen Irrthum längst als die Grundlage aller gegen die katholische Kirche vorkommenden Anfeindungen und Befehdungen erkannt habe, so ging ich gerne auf den Wunsch des Verlagsbuchhändlers ein, obgleich es sonst nicht gebräuchlich ist, dass einer

und derselben Schrift, welche ein Vorwort (des Uebersetzers), eine Einleitung (des Verfassers) hat, noch eine Einbegleitung oder Einführung
von Seite eines Dritten angefügt werde.

Dr. Sardà ist Spanier, lebt in spanischen Verhältnissen und
schreibt mit südlicher Lebendigkeit. Manche seiner Anschauungen
sind so specifisch spanisch, dass sie anderwärts in dieser Form
weder aufgestellt noch in die Praxis überführt werden können. Allein
das gesteht er selbst sehr gerne zu, wie er umgekehrt sich in einem
eigenen Kapitel (43) dagegen verwahrt, dass Aussprüche von Auto-
ritäten anderer Länder oder Zeiten den Spaniern der Gegenwart zur
Richtschnur vorgelegt oder wohl gar gegen sie ausgespielt würden.

Der Mann, der so denkt, zeigt ebenso Ueberlegung als Toleranz. Ich muss das erwähnen, denn einzelne Kapitel dürften in
Kreisen, die nicht zu den Liberalen gehören, den Eindruck von
Unterdrückenwollen der Freiheit machen. Es ist aber nicht an dem.
Dr. Sardà ist intolerant in Bezug auf absolut falsche Principien,
wie es die Wahrheit immer ist und sein muss, wobei Liebe und
Toleranz der Personen aufrecht bleibt. Auch die gesetzlichen Mass-
regeln, die Sardà wünschenswerth findet, müssen von diesem Standpunkte aus beurtheilt werden. Die katholische Kirche kennt keine
Ausbreitung mit Feuer und Schwert, sie hat aber das vollste Recht,
sich gegen ihre Feinde zu wehren und zu vertheidigen.

Jene Stellen der Schrift Sardà's, welche einen Nicht-Liberalen
irritiren könnten, sind also nicht schwer dieses ihres nur an-
scheinenden Characters zu entkleiden, das aber, was er gegen den
Liberalismus sagt und beweist, gehört zu dem Besten und Ueber-
zeugendsten, was in dieser Art geschrieben worden ist, ja, fügen
wir hinzu, zu dem Nothwendigsten, was unsere Zeitgenossen zu
beherzigen hätten. Diese Schrift darum einzubegleiten, verschafft
ebenso Ehre als Freude und Befriedigung.

Der Liberalismus ist Sünde! Das ist gewiss schon oft von den
Moral-Professoren, den theologischen Schülern gesagt worden.
Allein es muss auch in die Massen des Volkes hinein, es darf niemand übrig sein, der diesbezüglich auch nur einen leisen Zweifel
hätte. Um dieses Resultat zu erreichen, muss man vor allem Klar-

heit schaffen, man muss sich über den Begriff des Liberalismus
verständigen und muss ihn dann mit dem Begriff des Glaubens zu-
sammenstellen, nebenhinstellen, um die Unvereinbarkeit beider einzusehen.

Verschiedene Begriffe verbindet man mit dem Worte, verschie-
dene Abtönungen existiren unter dem Sammelnamen der Liberalen.
Eines ist ihnen Allen gemeinsam, sie sind die Rationalisten oder
Naturalisten, sie setzen den Intellekt an die Stelle des Glaubens.
Sie glauben, was sie wollen und weil sie wollen, nicht wegen
der Autorität Gottes und so sind sie keine Christen mehr.

Ich habe hier nicht nothwendig, als katholischer Apologet erst
auseinander zu setzen, dass es durchaus erlaubt ist, nach Erkenntnis zu streben, dass unsere Unterwerfung unter die Wahrheit eine
vernünftige sein müsse (rationabile obsequium), denn darin besteht
ja der Liberalismus nicht. Der Katholik verlangt den Nachweis,
dass Gott gesprochen, dass er die Kirche gestiftet und sie mit der
nöthigen Macht ausgestattet habe. Was ihm als Offenbarung Gottes
nachgewiesen ist und was die Kirche zur Seligkeit nothwendig vor-
stellet, das glaubt er, das erfüllet er. Dadurch ist er Christ,
katholischer Christ.

Der Liberale kennt weder eine Autorität Gottes noch der
Kirche, nur die seiner Vernunft, und darum ist er kein Christ,
auch wenn er einzelne Kapitel fidei et morum festhält, denn er
läugnet das grundlegende Princip. Das einzusehen ist den im
logischen Denken wenig geübten Geistern vielleicht schwer, allein
es ist unmöglich, davon abzugehen.

Die vorbesprochenen Punkte werden übrigens von dem berühmten Publicisten selbst auf das Klarste nicht nur angeführt, sondern nachgewiesen. Ich habe mich darum in der Einbegleitung mit
ihnen nicht weiter zu beschäftigen. Viel wichtiger scheint es mir, ein
wenig Zeit, Ort und Umstände bei uns Nicht-Spaniern zu beleuchten, um die ausserordentliche Wichtigkeit der Schrift auch für uns
in klares Licht zu stellen.

Bereits Eingangs habe ich ein paar concrete Beweise angeführt, wie tonangebende Männer unseres Vaterlandes bis in die

Tiefe vom Liberalismus durchdrungen und durchsäuert sind. Leider sind dieselben gewissermassen typisch. Noch bedauerlicher ist, dass unser ganzes Staatswesen auf der Grundlage des Liberalismus aufgebaut ist. Die katholische Religion ist eine vom Staate anerkannte, aber auch überwachte und reglementierte Kirche, anerkannt wie die lutherische, die mosaische Confession, doch weitaus mehr vom Staate beherrscht als jene.

Am meisten zu beklagen jedoch ist, dass auch jene Männer, welche sich katholisch-conservativ nennen, vielfach vom Liberalismus angekränkelt sind, gewiss gegen ihren Willen und Absicht, ich constatire das ausdrücklich. Man gibt dem Liberalismus, wenn er von Regierungsseiten kommt, nach, immer nach; man glaubt sich aus Friedensliebe dazu gehalten, verpflichtet, um grösseres Uebel abzuwehren.

Ja wenn nur nicht die Principien dabei in Frage kämen, wenn nicht der Rationalismus daraus seine Stärke schöpfte! Weil er sieht, dass man zurückweicht, dass man Concessionen macht, ohne mehr als heimliche und versteckte Seufzer auszustossen, darum glauben die Liberalen, glaubt das sich noch christlich dünkende Volk, dass die menschliche Vernunft in Verbindung mit der Macht selbst Dogmen corrigiren könne. Und damit ist der Boden durchlöchert, der Glaube geleugnet, es ist nichts übrig als christlich garnirter Rationalismus.

Liberalismus ist Sünde!

In unserem katholischen Oesterreich — ein Wort das nach den Staatsgrundgesetzen ein Anachronismus ist — sind wir soweit, dass man von Seite der Behörden, wie der Privaten, Juden und Protestanten weitaus mehr Rücksichten schenkt als den Katholiken. Jüdischen Schülern müssen die Lehrer am Sabbate Rechnung tragen. Katholische Arbeiter und Angestellte haben kein Recht auf ihre Feiertage. Selbst die Sonntage sind nur auf dem Papiere geschützt. Fabriksarbeit, Eisenbahnarbeit, selbst Strassenbau, Gassenregulirung, die durch Aufnahme von einigen Arbeit suchenden Individuen mehr, ebenso schnell gefördert werden könnten, sind leider keine Ausnahmen. Es klagt niemand, oder wenigstens höchst selten, denn der

Liberalismus hat alle Zeitgenossen angesteckt, eine absolute christliche **Pflicht gibt** es nicht. Die Behörden corrigiren Moral und **Kirchenrecht.**

Selbst in die Reihen der Klerikalen ist ein Sporn des Liberalismus gedrungen. **Ein fest organisirtes** Kirchenthum existirt kaum. **Wie es** die Behörden **in den** angeführten Punkten **machen,** so ahmen es die Bauern **in** ihrer Weise nach: sie folgen **dem Pfarrer,** soweit es ihnen eben **beliebt.**

Viele Dorf- **und** Stadtkirchen machen mit ihrem Publicum von Weibern **und Bauern einen** trostlosen Anblick; oft reden die abgegriffenen kirchlichen **Paramente,** unechte Stoffe mit **noch** unechteren Borten, **deren** sich ein Bauernknecht **für** seinen Sonntagsstaat schämen **würde, eine nicht** misszuverstehende Sprache. **E s i s t k a l t g e w o r d e n i m k a t h o l i s c h e n L a n d e.**

Nur bei aussergewöhnlichen **Anlässen kommt die alte** Wärme auf Momente zum Vorschein. **Doch dauert sie über** den Anlass **hinaus selten.** Der Liberalismus hat furchtbar **im Lande gewirthschaftet; es ist** Rationalismus eingedrungen, **man nimmt an,** was man will und nennt **sich** katholisch, ja glaubt **sich dazu berechtiget.**

In letzterem liegt die Gefahr. Denn **auch der Sünder fügt** sich nicht. Allein er **weiss, dass er ein Sünder ist, für ihn** ist Hoffnung. **Wer** aber Rationalist geworden **und sich dabei Christ** nennt, der **hat das** Fundament, **den Glauben rettungslos verloren.**

Der Liberalismus ist in manchen Ländern selbst **in den Klerus** eingedrungen. Ich **sehe** ein Kennzeichen dessen **unter** Anderem und blos beispielsweise angeführt dann, wenn **er** zweierlei Mass hat, wenn er es bei **den Grossen und** Mächtigen schon **rühmt,** falls sie hie und da **dem lieben Gott** die **Ehre eines** Besuches **in** der **Kirche** geben, wenn er **halbwegs** christlich klingende **Worte** der **unbestritten Liberalen als Beweis für die** christliche Wahrheit anführt, **wie er** nicht unterlässt, die **Frömmigkeit der Fürsten und** Mächtigen **im ersten** Falle zu preisen.

Erreicht wird **dadurch** nichts, **geschadet sehr viel. Die Mächtigen** werden in **dem ihnen** ohnediess **anerzogenen Vorurtheile bestärkt,** dass sie Götter zweiter Ordnung seien, dass sie ein Recht hätten, unter den christlichen Pflichten sich die ihnen gefälligen auszusuchen. Das ist aber Rationalismus.

Der einfältigere oder gutmüthigere Theil des Volkes denkt dabei vielleicht nichts, aber der grössere nimmt neuen Anlass, auch für sich Eclecticismus zu treiben und steht dann gleicherweise beim Rationalismus.

Wir Priester haben nicht das Recht, uns oder Anderen den Weg zum Himmel leichter oder anders zu machen, als ihn jener gezeigt hat, der Himmel und Erde erschaffen. Freilich haben wir auch nicht das Recht, ihn schwerer zu machen, die Gläubigen mit Gebräuchen zu belasten, die nirgends als Gebote nachgewiesen sind, aber vom christlichen Glauben kann nie und Niemand dispensirt werden. Wir brauchen desswegen nicht hart und abstossend zu sein, aber wenn wir nicht vom Liberalismus angekränkelt sind, dürfen wir es nicht verschweigen oder vertuschen, dass Liberalismus und Rationalismus zum Verderben führen und Gemüthsregungen frommer Art einmal im Jahre darin nichts ändern.

Wo der Klerus liberal geworden oder den Liberalen sich unterworfen hat, dort hat man nicht mehr die alte kirchliche Hierarchie dem Geiste nach, dort hat man eine der weltlichen Herrschaft nachgebildete, von letzterer bis zum Excesse abhängige Bureaukratie, geistliche Beamte.

Begeisterung und Liebe sollten die Bande sein, welche alle Geistlichen unter einander zu verbinden hätten. Wie soll das möglich sein, wenn Akatholiken, Freimaurer, Juden, überhaupt weltliche Beamte in der Lage sind, mit kirchlichen Stellen und kirchlichem Einkommen die Kniebeuge geistlicher Streber vor dem Liberalismus zu belohnen? Bekanntlich trägt man heute auf den Lehrkanzeln, von welchen unsere Beamten und zukünftigen Minister ihr juridisches Wissen beziehen, vor, dass es kein Kirchenrecht, nur ein Staatskirchenrecht gebe.

Durch das Hineinregieren in's innerste Heiligthum hat man schon mancherorts solche Verwirrung geschaffen, dass von kirchlichen Oberstellen manchmal eine Sprache nach unten geführt wurde, die sich nur mit der Sprache Ludwig XIV. gegen seine devotest und submissest ersterbenden Unterthanen vergleichen lässt. Der Staat bin ich, hiess es dort, die Kirche bin ich, wiederhallt es da. Das ist aber Christi Kirche nicht mehr, das ist ein Zerrbild, ein abgestorbener Zweig. Da gibt es kein einträchtig liebevolles Zusammenwirken, nur höchstens ein Rubriken-Ausfüllen, ein Aufrechthalten des äusseren Scheines, während die in der Rubrik Verzeichneten bereits dem Liberalismus anheimgefallen sind. Der berühmte französische Publicist Cretineau-Joly sagte, es gebe eine sacrilegische und eine Bastardrevolution. Die erste sei der kirchliche Liberalismus, welcher die Kirche, der zweite der Napoleonismus, welcher den Staat ruinire und corrumpire.

Ein Theil des französischen Klerus hat bekanntlich das nicht begriffen, hat Napoleon in Weihrauchwolken gehüllt und vergöttert. Heute büsst es die Kirche in Frankreich. Dr. Suess in Wien erschwang sich zur Behauptung, dass jeder Klerus Land und Volk corrumpire, wie es der französische zu Napoleons Zeiten gethan. Das ist der Dank für die Willfährigkeit des einstigen französischen Klerus.

Das war aber Falschheit. Der sacrilegische Liberalismus hat den Klerus und durch diesen das katholische Frankreich ruinirt.

Wo und wenn der Liberalismus eindringt, wird alles corrumpirt, auf den Kopf gestellt. In Bayern hat man in der letzten Zeit (April 1889!!) neuerdings erklärt, von Seite der höchsten weltlichen Stelle, dass man das Placetum nicht aufgebe, dass man die vaticanischen Beschlüsse nicht zu verkündigen erlaube, ergo die Altkatholiken als Katholiken betrachte.

Es ist derselbe Faden, nur ein anderes Numero. Die katholische Kirche ist dem Liberalismus, Rationalismus ausgeliefert. Nur ein Mittel hilft hier, ein Apostolisches Mittel, das Apostelgesch. V. 29 angeführt ist. Natürlich muss man dafür in's Gefängnis gehen!

Doch wieder zurück zum Volke Das Volk hat jeden Halt verloren, seitdem der Liberalismus von oben ihm ein von Menschen regiertes und regulirtes Christenthum vor Augen stellte, seit liberale Mächte es ihm nahelegten, vom gottgeoffenbarten Glauben das Schwierige abzubröckeln. Mit dem Halte im Glauben sank auch jener in den Sitten. Die christliche Moral machte einer menschlichen, der Dekalog dem bürgerlichen Strafgesetze Platz; das höchste Ideal wurde die irdische Glückseligkeit. Damit aber ergieng es ihm wie Tantalus: sie rückte immer mehr in die Ferne, so oft es die Hand darnach ausstreckte. Es ist die kapitalistische Aera, die Judenknechtschaft gekommen: Folge des Liberalismus.

Noch ruhen im dunklen Schoosse der Zukunft weitere (schwarze) Lose. Bereits sagen sich's die Denkenden in die Ohren, während in der Oeffentlichkeit Komödie gespielt wird; während man von Hebung der Religion und des Patriotismus spricht, mehren sich die Menschen, deren Pessimismus eine schreckliche, nahende Katastrophe unausweichlich hält.

Das hat Alles der Liberalismus verschuldet?

Das hat der Liberalismus verschuldet. Liberalismus ist Sünde gegen Gott, weil gegen den Glauben; Liberalismus ist Verrath an der Kirche, Liberalismus ist Preisgeben des Volkes.

Liberalismus ist kein indifferentes politisches System, dem man schmeicheln oder nachgeben dürfte. Liberalismus ist der Feind, ist die Gefahr.

Das gilt nicht blos für Spanien, gilt auch für unsere Länder. Darum möge diese Schrift, die beste und eingehendste, die über diesen Gegenstand geschrieben wurde, auch in unseren österreichischen und in den deutschen Ländern Eingang finden, möge an alle Thüren und Herzen pochen, die Gefahr kündigen und immer wieder rufen: Wacht auf ihr Katholiken aus eurer Schlummerruh!

Dr. Josef Scheicher.

Vorwort des Uebersetzers.

Unter den zahlreichen gelehrten polemischen Schriften des spanischen Schriftstellers Monsignor Dr. Felix Sardà y Silvany ragt besonders das grosses Aufsehen erregende Büchlein „Der Liberalismus ist Sünde" hervor, welches sich durch unerbittliche Logik, Schärfe des Urtheils und praktischen Sinn auszeichnet. Da dasselbe in die liberale Rumpelkammer mehr als den Liberalen lieb war hineingeleuchtet, rief es grosse Entrüstung und Erbitterung hervor. Die offenen und geheimen Verfolgungen, welche daher der Schrift liberalerseits bereitet wurden und in der Civiltà Cattolica (Serie XIII. vol. VI, pag. 525 – 548 und vol. VII. pag. 38 – 61) weitläufig besprochen werden, beweisen, dass der Verfasser den eigentlichen wunden Fleck des Liberalismus berührt hat.

Monsignor Dr. Sardà wollte seine Schrift anfangs in Madrid, der Hauptstadt Spaniens, veröffentlichen. Cardinal Moreno übergab das Manuscript zweien Gottesgelehrten zur Prüfung. Dieselben erhoben zwar keine Schwierigkeiten bezüglich der darin enthaltenen Lehren, wohl aber hielt der Eine die Veröffentlichung für inopportun, welche deshalb unterblieb. Als hierauf das Manuscript dem Bischofe von Tortosa unterbreitet wurde, erlaubte dieser, dass nach Durchsicht des Censors dasselbe artikelweise im Diöcesanwochenblatte gedruckt würde. Aber da von vielen Seiten Widerspruch erhoben wurde, fand der Bischof es für gut, nach dem Erscheinen des 6. Kapitels die weitere Veröffentlichung zu suspendiren. Der Verfasser, ohne den Muth zu verlieren, ersuchte nun den Monsignor Catalá, Bischof von Barcelona, er möchte die Fortsetzung der Puplication in der Zeitschrift „La Hormiga de oro" gestatten. Der Bischof entsprach dieser Bitte, ohne jedoch eine ausdrückliche Approbation zu ertheilen, welche erst später für einen Separatabdruck nach langer Untersuchung folgte, welcher Genehmigung sich sieben andere Bischöfe anschlossen.

Wie wenn Jemand mit dem Stocke einen Ameisenhaufen aufwühlt, also brachte diese literarische Erscheinung Aufregung im liberalen Lager hervor. Alles kroch aus seinen Löchern: Luchs, Wildkatz, Marder, Wolf und Wildschweine und die ganze Sippschaft des Reineke kamen in der eiligen Hast sich überschlagend dahergerannt und begannen ein Gekläff und Heulen und Bellen und Zischen und Zähnfletschen um den kühnen Weidmann herum, der es sich herausgenommen, sie in ihrem verborgensten Schlupfwinkel zu überraschen. Diesem Gelichter war es daher höchst willkommen, als im Juni 1885 zu Madrid eine Gegenschrift erschien, betitelt „El Proceso del Integrismo". Der Verfasser Dr. D. Celestino de Pazos. Domherr der Kathedrale von Aich, bekämpfte darin mehr die Person des Monsignor Sardà als dessen angeblichen

Irrthümer. Es dauerte nicht lange, so wurden beide Schriften bei der Index-Congregation in Rom verklagt, das Urtheil, welches R. P. Saccheri, deren Secretär, dem hochwürdigsten Bischofe von Barcelona mittheilte, lautete also:

1. In der Schrift des Monsignor Sardà findet sich nichts, was gegen die gesunde Lehre wäre, nil invenit contra sanam doctrinam;

2. Vielmehr wird darin die gesunde Lehre in materia subjecta, d. h. bezüglich des Liberalismus aufgestellt und vertheidigt, sanam doctrinam proponat atque defendat;

3. Und zwar mit triftigen, stichhaltigen Gründen, die in klarer Ordnung dargelegt sind, solidis argumentis ordine et claritate expositis;

4. Ohne Jemanden zu beleidigen, absque cujuscumque personae offensione.

Die Gegenschrift des Dr. de Pazos aber wurde, weil nicht frei von Irrthümern und verletzend in der Sprache, besonders gegen die Person des Monsignors Sardà, verboten und de Pazos zur Zurücknahme aufgefordert. In Spanien waren die liberalen Katholiken über den Brief der Index-Congregation sehr ungehalten und wagten sogar die Aechtheit desselben in Zweifel zu ziehen. Doch R. P. Saccheri bestätigte in einer Zuschrift vom 27. Mai denselben neuerdings, welcher dann auch von 7 spanischen Erzbischöfen und 26 Bischöfen in ihren officiellen Blättern veröffentlicht wurde. Aber für gewisse Leute, mit denen man nie fertig wird, war damit die Sache nicht beendet. Der fernere Widerspruch veranlasste ein Schreiben des Cardinals Martinelli, Präfect der Index-Congregation, welches besagte, dass die der Schrift des Monsignors Sardà mit Recht gespendeten Lobsprüche nur auf die darin entwickelten abstracten Lehren sich beziehen, nicht aber auf Sätze, welche zufällig etwa Gegenstände rein politischer Natur berührten, ad abstractam dumdaxat thesim et generalia doctrinae principia referri, quae a D. Sardà in suo scripto clare et ordinatim exposita sunt juxta ea quae ab Ecclesia docentur, minime vero ad incidentales quasdam propositiones sive alusiones ibidem forte contentas, quae concretum factorum ordinem vel rerum politicarum Hispaniae statum respiciunt; neque enim haec attingendi ulla mens aut propositum fuit.

Ein Beweis, dass die Schrift des Dr. Sardà nicht, wie die liberalen Cátolicos espanoles meinten, nur die Interessen einer politischen Partei Spaniens verfechte, ist die Thatsache, dass dieselbe auch weit über die Grenzen der pyrenäischen Halbinsel Anklang gefunden und in fremde Sprachen übersetzt wurde. So besteht bereits neben der catalonischen Uebersetzung, eine italienische von P. Zocchi S. J., welche uns ebenfalls vorlag, eine französische und eine ungarische von Dr. Csápori Gyula, unter welchem Namen s i c h ein hoher geistlicher Würdenträger Ungarns sich verbirgt.

Das Buch ist hauptsächlich gegen die Versöhnungspolitik der liberalen Katholiken geschrieben, die das Unvereinbare vereinen und versöhnen wollen und nur immer geneigt sind, Concessionen auf Kosten des Katholicismus zu machen. „Vielleicht würden", sagt P. Zocchi, selbst manche aufrichtige Gegner des Liberalismus die Farben gewisser Kapitel (bes. Kap. 3, 4, 6, 17, 20, 22, 23, 29, 36, 37, 40.) zu grell finden. Aber der Liberalismus ist eine Seuche: wer wüsste nun nicht, dass wenn irgendwo eine Seuche wüthet, sogar Jene ihren bösartigen Einfluss spüren, die nicht damit behaftet sind, und dass daher in jener verpesteten Gegend die leichten Fieberanfälle, die Unruhen des Magens und der Gedärme, die unbedeutenden Durchfälle u. s. w. sozusagen allgemein sind?

Der Liberalismus wüthet allenthalben in der modernen Welt. Und dies ist der Grund, wesshalb wir Alle mehr oder minder, ich will nicht sagen liberal, aber doch krankhaft empfindlich sind bezüglich des Liberalismus, und uns manche Grundsätze befremden, besonders solche von praktischem und socialem Werthe, als ob sie eine unerhörte Neuigkeit wären, während sie bloss nothwendige Folgerungen des unveränderlichen Dogmas, der katholischen Moral, des Evangeliums sind. Dies ist der Grund, weshalb selbst viele ausgezeichnete Katholiken so viele Bedenklichkeiten erheben, wo keine zu suchen sind. Diese finden die Schriftsteller und Redner auf unserer Seite nie genug vorsichtig und klug, nie genug umsichtig und liebreich, und lassen nie ab, uns friedliche Rathschläge zu ertheilen, indem sie uns die Versicherung geben, dass eine hübsche Anzahl Liberaler in den Schafstall zurückkehren werde, wenn wir es nur verstehen würden, sie mit zuvorkommenden, gewinnenden Manieren und den gefälligen Formen der religiösen Polemik anzulocken; bedenken aber nicht, dass auf diese Weise die Gegner nur immer frecher werden.

Uebrigens ist die Lektüre vorliegender Schrift berechnet, auch den verworrensten Knäuel zu entwirren und abzuwickeln, und die dichteste Finsternis aufzuklären. In dem gelehrten und erfahrenen Verfasser dieses goldenen Büchleins erkennt man leicht den Landsmann des Suarez. Er behandelt gründlich und mit Sicherheit die ganze verwickelte Materie des Liberalismus, steigt hinab bis zu den umständlichsten Einzelheiten des praktischen Lebens und der alltäglichen Beziehungen, die zwischen Katholiken und Liberalen beständig stattfinden, löst alle Zweifel und gibt auf alle Fragen befriedigende Antwort, mit dem Ansehen, welches ihm sowohl sein eigenes Talent, als auch die Gutheissung der hl. Indexcongregation verleiht.‹

Uns bleibt nur noch übrig, zu wünschen, dass die Verbreitung dieser Schrift dazu beitragen möge, den in der päpstlichen Encyklika *Libertas praestantissimum donum* dargelegten Lehren und Grundsätzen mehr und mehr Eingang zu verschaffen.

Mailand, am Feste des heiligsten Namens Jesu 1889.

Ulrich Lampert

Approbationen des Originals.

Von verschiedener hoher Seite sind diesem Büchlein seit seinem ersten Erscheinen bis zum Entscheid der hl. Index-Congregation Genehmigungen ertheilt worden und es ist unsere Schuldigkeit, dieselben hier zu verzeichnen:

Vom hochwürdigsten Herrn Bischof von Barcelona, beziehungsweise für die castilianische und catalonische Ausgabe.

Vom hochwürdigsten Herrn Bischof von Urgel nach genauer Prüfung dreier Gottesgelehrten. Ferner von den hochwürdigsten Bischöfen von Osma, Tuy, Mallora, Tarazona, Montevideo.

Neulich nach wiederholter Anklage bei der hl. Index-Congregation zu Rom hat dieses erhabene Tribunal in einem Briefe an den hochwürdigsten Herrn Jaime Catalá y Albosa, Bischof von Barcelona, unter dem 10. Januar 1887 folgendermassen entschieden:

Excellentissime Domine!	Gnädigster Herr!
Sacra Indicis Congregatio accepit delationem Opusculi cujus titulus El Liberalismo es pecado, auctore D. Felice Sardá et Salvany, sacerdote hujus tuae dioecesis, quae delatio repetita fuit una cum altero opusculo cui titulus El Proceso del integrismo, id est, Refutacion de los errores contenidos en el opúsculo „El Liberalismo es pecado", auctor hujus secundi opusculi est D. de Pazos, canonicus dioecesis Vicensis. Quapropter eadem Sanc-	Die hl. Index-Congregation empfing die Anzeige des Werkchens, betitelt „der Liberalismus ist Sünde", verfasst von Don Felix Sardà y Salvany, Priester dieser Deiner Diöcese. Diese Anzeige wurde wiederholt zugleich mit einem anderen Werkchen, betitelt El Proceso del integrismo, d. h. Wiederlegung der in dem Büchlein „El Liberalismo es pecado" enthaltenen Irrthümer. Der Verfasser dieses zweiten Schriftchens ist Don de Pazos, Dom-

ta Congregatio maturo examine perpendit primum et alterum opusculum cum factis animadversionibus: sed in primo nil invenit contra sanam doctrinam, imo auctor ejusdem D. Felix Sardá laudem meretur eo quia solidis argumentis, ordine et claritate expositis, sanam doctrinam in materia subjecta proponat atque defendat absque cujuscumque personae offensione.

Verum non idem judicium fuit prolatum super altero opusculo edito a D. de Pazos, nam aliqua in re correctione indiget, et insuper approbari non potest modus loquendi injuriosus quo auctor utitur magis contra personam D. Sardá quam contra errores, qui supponuntur in opusculo dicti scriptoris.

Hinc sacra Congregatio mandavit ut D. de Pazos, monitus a proprio Ordinario, retrahat quantum fieri potest, dicti sui opusculi exemplaria ac in posterum, si aliqua controversiarum quae oriri possunt fiat discussio, se abstineat a quibuscumque verbis injuriosis contra personas, sicuti vera Christi charitas docet: eo vel magis quod dum Sanctissimus D. N. P. P. Leo XIII. valde commendat ut errores profligantur, tamen non amat neque approbat injurias in personas, praesertim doctrina et pietate praestantes, illatas.

Dum haec de mandato S Indi-Congr. tibi communico ad hoc ut praeclaro tuo dioecesano D. Sardá ad animi sui quietem manifestare possis, omnia fausta ac felicia Domino adprecor, et cum

herr der Diöcese Vich. Desshalb hat dieselbe hl. Congregation das eine wie das andere Büchlein nach den gemachten Bemerkungen hin reiflich geprüft und untersucht: aber im ersten hat sie nichts gegen die gesunde Lehre gefunden; vielmehr verdient Don Felix Sardà Lob, weil er mit gründlichen in klarer Ordnung dargelegten Beweisen in dem behandelten Gegenstande die gesunde Lehre aufstellt und vertheidigt ohne Beleidigung irgendwelcher Person.

Aber über das andere, von Don de Pazos herausgegebene Werkchen wurde nicht ein gleiches Urtheil gefällt; denn in etwelchem Punkte bedarf er einer Zurechtweisung; und überdies kann die beleidigende Art zu reden nicht gebilligt werden, deren sich der Verfasser mehr gegen die Person des Don Sardà, als gegen die Irrthümer bedient, die im Büchlein besagten Schriftstellers vermuthet werden.

Daher hat die hl. Congregation befohlen, dass Don de Pazos, ermahnt von seinem zuständigen Bischofe, so viel als möglich die Exemplare seines erwähnten Büchleins zurückziehe und künftighin, wenn irgendwie Streitfragen, welche etwa entstehen können, besprochen werden, er sich aller ungerecht verletzender Worte gegen Personen enthalte, wie es die wahre christliche Liebe lehrt: um so mehr gerade, als unser heil. Vater Papst Leo XIII. obschon er die Irrthümer zu bekämpfen sehr empfiehlt, es dennoch nicht liebt und nicht billigt, dass Personen, besonders solche, die durch Wissenschaft und Frömmigkeit hervorragen, unbilliger Weise verletzt werden.

Indess ich Dir dies im Auftrag der hl. Index-Congregation zu dem Zwecke mittheile, dass Du es Deinem vortrefflichen Diöcesan Don Sardà zu seiner Beruhigung zu wissen thun könnest,

omni observantiae, **significatione subscribo**	flehe ich zum Herrn, dir in Allem **Glück und** Segen zu ertheilen, und **unterzeichne** mit dem Ausdrucke der tiefsten Hochachtung

Amplitudinis tuae   **Deiner** Gnaden

Addictissimus famulus Fr. **Hieronymus** Pius **Saccheri, O. P., S. Ind.-Congr. a Secretis**	**Ergebenster Diener Fr.** Hieronymus Pius Saccheri, **O. P.,** Secretär der hl. **Index-Congregation.**

Der von Ulrich **Lampert** bearbeiteten deutschen Uebersetzung des Buches: Der Liberalismus **ist Sünde von** Monsignore Dr. Felix Sardà wird hiemit die **Ordinariats-Approbation ertheilt.**

Salzburg, den 10. April 1889.

Fürsterzbischöfliches Ordinariat:

† **J. Haller,** Generalvicar.

EINLEITUNG.

Sei unbesorgt, freundlicher Leser, und· sieh' nicht sogleich von Anfang dieses Büchlein mit scheelen Augen an! Noch vielweniger wirf diese Schrift mit Bestürzung hinweg; denn so brennend und glühend, gleich lodernden Flammen, die Fragen sind, die wir in vertraulicher und freundschaftlicher Unterhaltung untersuchen wollen, so werden Dir dieselben doch nicht die Finger verbrennen, da es sich hier um bildliches Feuer handelt und um nichts weiter.

Ich weiss wohl, und Du selber sagst es mir im Tone der Entschuldigung, dass Du nicht der Einzige bist, der eine unüberwindliche Abneigung vor derartigen Sachen fühlte. Nur zu sehr ist mir bekannt, dass dies gleichsam eine nahezu allgemeine Sucht oder Krankheit ist. Aber sage mir im Gewissen: Wenn wir auf die „brennenden" Fragen der Gegenwart keine Antwort geben wollen, d. h. dem keine Aufmerksamkeit zuwenden, was in unseren Zeiten wirklich lebt und webt, welchem Interesse sollte sich dann die katholische Controverse widmen? Sollte dieselbe Feinde bekämpfen, welche schon vor Jahrhunderten in's Jenseits hinübergegangen und die, weil abgestorben und dem Staube anheimgefallen, von der Welt vergessen im Pantheon der Geschichte liegen? Oder sollte sie vielleicht ernstlich und mit vielem Eifer und grosser Sorgfalt zwar Tagesfragen behandeln, aber nur jene, welche keinen Stoff zu Meinungsverschiedenheit geben, noch bezüglich derer eine Feindschaft gegen die heiligen Rechte der Wahrheit herrscht? Und deswegen, du lieber Gott! nennen wir Katholiken uns Soldaten, und stellen gleichsam das Heer der Kirche vor, und heissen unsern Herrn Jesus Christus unsern Anführer? Sollte dergestalt jenes Kampfesleben sein, das uns beständig eingeschärft wird von der Zeit an, da wir durch die Taufe und die Firmung Ritter einer glorreichen Kriegskunst geworden? Oder sollte unser Krieg ein Theaterkampf sein, wo man gegen gemalte oder phantastische Feinde kämpft, mit blinden Patronen losfeuert, und mit abgestumpften Schwertern dreinschlägt, wo es genügt, wenn es recht blinkt und rasselt, aber nie eine klaffende Wunde beigebracht, noch der Gegner im Mindesten belästigt wird?

Sicherlich nicht! Wenn demnach der Katholicismus Wahrheit und Wirklichkeit ist, wie er in der That göttliche Wahrheit ist, dann sind auch nur zu wirklich seine Feinde und ihre Fehde Wirklichkeit, und blutige Wirklichkeit seine Kämpfe, und Wirklichkeit, keineswegs aber blosse Spiegelfechtereien müssen seine Angriffe und seine Vertheidigung sein. Wir müssen uns im Ernste gürten für solche Unternehmungen und sie im Ernste zu Ende

führen; wirkliche Waffen müssen es also sein, die man handhabt; wirklich die
Hiebe, die Faustschläge, die man austheilt ; wirklich die Wunden, welche wir
schlagen.

Ich öffne die Geschichte der Kirche und auf allen ihren Seiten finde ich
diese Wahrheit eingegraben, oftmals mit blutigen Buchstaben. Der göttliche
Heiland bekämpfte mit beispielloser Entschiedenheit die jüdische Verderbnis
und gegenüber den heikelsten nationalen und religiösen Vorurtheilen seines
Zeitalters erhob er das Banner seines Evangeliums und es kostete ihm das
Leben. Als die Apostel am Pfingsttage aus dem Cönaculum traten, zögerten
sie keinen Augenblick, die meuchlerische Ermordung des Erlösers der Obrigkeit
und den Häuptern Jerusalems in's Gesicht vorzuwerfen; und da sie eine solche
Frage berührt hatten, die in jenen Tagen so brennend war, kostete es ihnen
zuerst Geiselhiebe und nachher bald den Tod.

Und seither machte sich jeder Held unseres ruhmreichen Heeres einen
Ruf, indem er es unternahm, irgend eine Frage aufzuklären, die zu seiner Zeit
hochwichtig war: eine lebendige Frage des Tages, nicht etwa kalte Gegenstände und Ueberbleibsel der Vergangenheit, noch auch kleinliches Zeug, das
noch unter dem Schleier der Zukunft verborgen. Die ersten Apologeten kämpften Mann an Mann mit dem sogar gekrönten Heidenthum auf dem Kaiser-
throne einen äusserst heissen Kampf, wo das Leben auf dem Spiele stand.
Athanasius liess sich Verfolgungen und Verbannungen, Flucht, Todesdrohungen,
Excommunicationen von Seite falscher Concilien gefallen in der überaus brennenden Frage des Arianismus, welche in jenen Tagen den ganzen Erdkreis
in Brand setzte. Und sank etwa dem heil. Augustin, dem grossen Kämpen
aller dringenden Fragen seines Jahrhunderts, der Muth vor den vom Pelagianismus aufgeworfenen Fragen, so heiss sie auch waren? So bestimmte von
Jahrhundert zu Jahrhundert, von Epoche zu Epoche, für jede brennende
Frage, welche vom Widersacher Gottes und des Menschengeschlechts roth-
glühend aus der Höllenschmiede gezogen wurde, die göttliche Vorsehung einen
oder mehrere Männer, deren Worte gleich wuchtigen Hämmern herabfielen auf
die verheerenden Irrthümer. Denn auf glühendes Eisen zu hämmern, ist ein
vernünftig Hämmern, nicht auf kaltes Eisen, was ja lächerlich wäre. Der
Hammer, welcher vernichtend auf die Simonisten und Concubinarier Deutsch-
lands und der Lombardei niederfiel, war Gregor . VII.; der Hammer gegen
Averroes und die falschen Aristoteliker war Thomas von Aquin; gegen Abelard
war es ein heil. Bernhard von Clairvaux ; der Hammer der Albingenser war
Dominicus von Guzman, und so bis auf unsere Tage. Es würde zu weit führen,
die Geschichte Schritt für Schritt zu durchgehen, um daraus Beweise für eine
Wahrheit zu erbringen, welche ohnedies zu Tage liegt, wenn es auch leider
viele Beklagenswerthe gibt, die sich bemühen, selbst diese augenscheinliche
Wahrheit zu verdunkeln, indem sie mit Gewalt Staub davor aufwirbeln.

Doch dieses genüge, freundlicher Leser! Indem ich nun zum Gegenstande
übergehe, will ich dir lieber so ganz im Geheimen, dass uns Niemand hört,
sagen, dass wenn jedes vergangene Jahrhundert seine eigenen brennenden Fragen
hatte, denn doch ohne Zweifel auch das gegenwärtige Jahrhundert sehr brennende
haben müsse. Es könnte nicht anders sein. Nun wohl! Eine von diesen, die Frage
der Fragen, die grosse Frage, die glühende Frage, die beim blossen Anrühren
nach allen Seiten Funken sprüht, ist eben die Frage des Liberalismus.

„Der Gefahren, welche in unseren Tagen dem Glauben des christlichen Volkes drohen, sind viele, (sagten vor Kurzem die weisen und tüchtigen Prälaten der Kirchenprovinz Burgos); jedoch alle laufen in Eine zusammen, deren Name alle anderen in sich schliesst: es ist der Naturalismus . . . . . Nennet ihn Rationalismus, Socialismus, Revolution oder Liberalismus, er wird immer vermöge seines Verhältnisses und selbst seines Wesens eine offene oder geheime, jedoch radicale Leugnung des christlichen Glaubens sein; und demnach ist es von Wichtigkeit sorgfältig demselben vorzubeugen, wie es von Wichtigkeit ist, die Seelen zu retten."

Mit dieser so massgebenden und höchst gewichtvollen Erklärung haben wir die dringende Frage unseres Jahrhunderts gehörig formulirt; dieselbe wurde mit nicht geringerer, sondern vielmehr ungleich grösserer Auctorität und Klarheit schon vom grossen Pius IX. in mehrmals wiederholten Documenten auseinander gelegt. Und mit nicht geringerem Eifer hat unser jetziger Papst Leo XIII. die Frage der Welt dargelegt in seiner Encyclica *Humanum genus*, welche soviel Redens von sich machte und noch machen wird und vielleicht ist dies noch nicht das letzte Wort der Kirche Gottes über diesen Gegenstand.*

Und weshalb sollte der Liberalismus vor allen übrigen Irrlehren, die ihm vorangiengen, einen besonderen Vorzug von Unverletzlichkeit geniessen? Vielleicht deswegen, weil er in der Einheit seiner unbedingten radicalen Leugnung der göttlichen Oberherrlichkeit alle Irrlehren zusammenfasst und kurz wiederholt? Oder deshalb, weil er mehr als jede andere Irrlehre über den ganzen socialen Körper seine Ansteckung und seinen Krebsschaden ausgedehnt hat? Vielleicht deswegen, weil er zur gerechten Züchtigung für unsere Sünden erreicht hat, was die andern Irrlehren nie erlangten, nämlich der amtliche, gesetzesgemässe, in den Rathssälen der Fürsten inthronisirte und in der Leitung der Völker übermächtige Irrthum zu sein? — Nein, niemals; vielmehr sind dieses Gründe, welche jeden Katholiken antreiben und anspornen müssen, einen offenen und grossmüthigen Kreuzzug gegen ihn zu predigen und zu bestehen, kost' es was es wolle. Dies, ja dies ist der Feind, dies der reissende Wolf, gegen den wir Alle, die wir mehr oder weniger vom Himmel die Sendung erhalten haben, mitzuarbeiten an dem geistigen Wohle des christlichen Volkes, zu jeder Stunde die Stimme erheben müssen, gehorsam dem Winke des obersten Hirten.

Somit wäre der Entwurf gegeben und die Reihe dieser kurzen vertraulichen Unterhaltungen begonnen. Es geschehe jedoch nicht, ohne vorher erklärt zu haben, dass ich mich in Allem und in jedem einzelnen Punkte bis zum kleinsten Strichlein dem unappellirbaren Urtheile der Kirche unterwerfe, dem einzig sichern Orakel der untrüglichen Wahrheit.

Sabadell, im Rosenkranzmonat 1884.

---

*) Die Encyclica *Immortale Dei* war bei Abfassung dieser Schrift noch nicht publicirt, noch vielweniger die Encyclica *Libertas praestantissimum donum.*

Der Liberalismus ist Sünde.

1.

Gibt es heutzutage so etwas, das man Liberalismus nennt?

Gewiss: und es könnte müssig scheinen, uns auf einen Beweis dieser Behauptung einzulassen. Wenn **alle** Leute aller Nationen Europa's und Amerika's — Länder, die hauptsächlich von dieser Seuche angesteckt sind — sich nicht verschworen haben, uns zu täuschen oder sich getäuscht zu stellen, dann besteht heutzutage in der Welt eine Schule, ein System, eine Secte, kurz etwas, man nenne es wie man wolle, das Freunde und Feinde unter dem ´Namen Liberalismus kennen.

Seine Zeitungsblätter, Vereine und Regierungen nennen sich ohne Hehl **liberal**; seine Gegner werfen es ihnen offen vor, und sie erheben **keinen Widerspruch** dagegen, rechtfertigen sich nicht, noch schwächen sie ihre Bezeichnung **ab.** Noch mehr: Man **sagt** uns jeden Tag, **dass** es liberale Gebräuche, liberale Tendenzen, liberale Reformen, **liberale** Projecte, liberale Persönlichkeiten, liberale Jahresgedächtnisse **und Erinnerungsfeste,** liberale Ideen und **Pro**gramme gibt; und umgekehrt nennt man antiliberal oder klerikal, oder **reactionär, oder** ultramontan alle Begriffe, welche **der** Bedeutung jener Ausdrücke entgegengesetzt sind. Es gibt also in der jetzigen Welt ein gewisses Ding, das man Liberalismus nennt, und ebenso gibt es wieder etwas, das man Antiliberalismus heisst. Der Liberalismus ist also, so könnte man sehr zutreffend sagen, ein Losungswort der Trennung und Sonderung, weil er die Welt vollständig in zwei grosse feindliche Heerlager trennt. Aber nicht etwa ein blosses Wort, denn jedem Worte muss eine Idee entsprechen;

ja nicht einmal eine blosse Idee, weil, wie wir sehen, jeder Idee eine ganze Reihe äusserer Handlungen entspricht. Der Liberalismus besteht, will demnach sagen, dass es liberale Lehren, liberale Werke und daher auch liberale Leute gibt, welche sich zu solchen Lehren bekennen und solche Werke ausüben. Und derartige Leute sind nicht etwa einige vereinzelte Individuen, sondern sie leben und handeln als organisirte Gesellschaft mit anerkannten Anführern, in Abhängigkeit von ihnen, mit einmüthig angenommenem Zwecke. Der Liberalismus ist also nicht nur Losungswort, Idee, Lehre und Handlungsweise, sondern auch Sekte.

Es bleibt also ausgemachte Sache, dass, wenn wir über den Liberalismus und die Liberalen abhandeln, wir keine Wesen der Einbildungskraft oder reine Verstandesbegriffe studiren, sondern wahre, handgreifliche, wirkliche Dinge der sichtbaren Welt; Dinge, die zu unserem Unglück nur zu wahr und handgreiflich sind!

Unsere Leser werden gewiss beobachtet haben, dass es zu Zeiten einer Epidemie immer das Erste ist, vorzugeben, dass eine solche Epidemie gar nicht vorhanden sei. Man kann sich keiner Zeit erinnern in früheren Jahrhunderten, wie im gegenwärtigen, wo uns nicht zur Genüge diese Erscheinung bezeugt würde. Wenn die Krankheit in dem verhängnissvollen Stillschweigen schon eine grosse Zahl Opfer hingerafft hat, dann erst fängt man an einzugestehen, dass sie ausgebrochen, dann nämlich, wenn die Bevölkerung ihr den Zehnten bereits entrichtet hat. Oftmals war man amtlicherseits leidenschaftlich bemüht, die Täuschung zu verbreiten, und es hat Fälle gegeben, dass man die Auctorität dazu missbrauchte, um tüchtige Bussen Jenen aufzuerlegen, welche versicherten, die Seuche sei wirklich vorhanden. Etwas Aehnliches ist in der moralischen Ordnung bei dem Gegenstande der Fall, worüber wir eben abhandeln. Mehr als fünfzig Jahre sind es, dass wir im Liberalismus völlig eingetaucht sind und dennoch hört man sogar von sehr achtbaren Personen mit überraschender Offenherzigkeit fragen: „Bah! Glaubt Ihr etwa im Ernste an den Liberalismus, dieses Phantasieding? Solltet Ihr vielleicht ihn für etwas mehr als blosse Uebertreibungen des politischen Parteihaders halten? Wäre es nicht besser, dieses Wort bei Seite zu lassen, welches uns Alle getrennt hält und gegen einander aufhetzt?" Fürwahr, eine traurige Erscheinung, wenn der Ansteckungsstoff derart in der Luft verbreitet ist, dass der grössere Theil nichts mehr davon spürt, weil leider an dessen Einathmung schon gewöhnt!

Der Liberalismus besteht also; und erlaube Dir, lieber Leser, niemals daran zu zweifeln!

2.

Was versteht man unter Liberalismus?

Beim Studium eines jeden Gegenstandes untersuchten die alten Scholastiker, nachdem sie die Frage nach dem Dasein eines Dinges: *an sit?* gelöst, sogleich die andere nach dem Wesen desselben. *quid sit?* und dies ist es nun, womit wir uns in diesem Kapitel beschäftigen wollen. Was ist der Liberalismus? In der Ordnung der Ideen ist er ein Knäuel von falschen Anschauungen; in der Ordnung der Handlungen ist er eine Kette verbrecherischer Handlungen, die praktische Folge jener Ideen.

In der Ordnung der Ideen ist der Liberalismus ein Knäuel der sogenannten liberalen Principien mit den logischen Consequenzen, die aus jenen Grundsätzen sich ergeben. Liberale Principien sind: die Souverainetät oder Unbeschränktheit des Individuums mit vollständiger Unabhängigkeit von Gott und seiner Auctorität; Unbeschränktheit der Gesellschaft mit unbedingter Unabhängigkeit von Allem, was nicht von ihr seinen Ursprung herleitet; nationale Souverainetät d. h. das Recht des Volkes, Gesetze zu geben und zu regieren mit unbeschränkter Unabhängigkeit von irgend welcher Richtschnur, welche nicht die des eigenen Willens wäre, kundgeben zuerst durch die allgemeine Abstimmung und nachher durch die Kammermehrheit; Denkfreiheit, ohne Schranken irgend welcher Art in Politik, in Moral oder Religion; Pressfreiheit, ebenso unbedingt, oder wenigstens nicht hinreichend beschränkt; endlich Vereinsfreiheit von demselben Umfange. Dies sind die sogenannten liberalen Principien in ihrem urwüchsigsten Radicalismus.

Der gemeinsame Boden, in welchem sie wurzeln, ist der individuelle Rationalismus, der politische Rationalismus und der sociale Rationalismus. Hieraus folgt die mehr oder weniger beschränkte Cultusfreiheit, der Vorrang des Staates in seinen Beziehungen zur Kirche, der weltliche oder unabhängige Unterricht ohne jede Verbindung mit der Religion, die einzig durch staatliche Dazwischenkunft gültige und rechtskräftige Ehe. Seine letzte Losung, eine Parole, die alles andeutet und enthält, ist das Wort Säcularisation, d. i. die Nicht-Dazwischen-

kunft der Religion in was immer für einem Acte des öffentlichen
Lebens: der wahre sociale Atheismus, der die letzte Folge des
Liberalismus ist.

In der Ordnung der Handlungen ist der Liberalismus eine Kette
von Werken, die von jenen Principien eingegeben und beherrscht
sind. Solche sind z. B. die Gesetze der Amortisation oder staatliche Einziehung der Kirchengüter, wornach der Kirche das Recht
abgesprochen wird, gewisse zeitliche Güter zu erwerben, die Vertreibung der religiösen Orden, die amtlichen oder ausseramtlichen
Attentate jeder Art auf die Freiheit der Kirche; die Verderbnis und
der Irrthum, welche öffentlich gebilligt werden auf der Rednerbühne,
in der Presse, in den öffentlichen Schauspielen, im täglichen Leben;
endlich der systematische Krieg gegen alles Katholische, welcher
sich verlarvt mit den Schlagwörtern von Clericalismus, Theokratie,
Ultramontanismus u. s. w.

Es ist unmöglich all' die Handlungen aufzuzählen und der Reihe
nach zu ordnen, welche den praktischen liberalen Gang ausmachen;
denn sie betreffen sowohl den Minister und Diplomaten, welche den
Gesetzgeber und Ränkeschmied spielen, als auch den Demagogen,
den Volksaufwiegler, der in den Volksversammlungen und den Clubs
das Wort führt oder in den Strassen meuchlings seine Gegner überfällt; sie betreffen ferner sowohl den internationalen Vertrag oder
den ungerechten Krieg, der dem Papste seine zeitliche Herrschaft
entreisst, als auch die räuberische Hand, welche die Braut Christi
ihrer Mitgift beraubt und sich sacrilegisch nach den Kostbarkeiten
des Heiligthums ausstreckt; die Handlungen, welche den praktischen
liberalen Gony bilden, umfassen weiters sowohl das tiefsinnige Buch
mit seinem ekelhaften Weisheitsdünkel, welches dem Unterrichte
an den Hochschulen und Lehranstalten zu Grunde gelegt ist, als
auch die feilen Karikaturblätter, welche die Müssiggänger am Wirths-
tische ergötzen. Der praktische Liberalismus ist eine vollständige
Welt mit ausschliesslich ihm eigenen Grundsätzen, Gebräuchen,
Künsten und Ränken, mit Literatur, Diplomatie, Gesetzen, Machina-
tionen und Bedrückungen. Er ist die Welt Luzifers, verhüllt freilich heutzutage mit jenem Namen, der im ausgesprochendsten Widerspruche steht mit der Gesellschaft der Kinder Gottes, nämlich der
Kirche Jesu Christi.

Hier hast Du das Gemälde des Liberalismus in seiner Theorie
wie in seiner Praxis.

3.

Ist der Liberalismus Sünde, und was für eine?

Der Liberalismus ist Sünde, man möge ihn betrachten in der Ordnung der Lehren oder der Handlungen. In der Ordnung der Lehren ist er schwere Sünde gegen den Glauben, weil seine Lehrsätze häretisch, wenn er auch vielleicht in der einen oder andern seiner Behauptungen und Verneinungen nicht Häresie ist. In der Ordnung der Handlungen ist er Sünde gegen die verschiedenen Gebote Gottes und seiner Kirche, weil er offene Uebertretung derselben ist. Noch deutlicher: In Beziehung der Lehren ist der Liberalismus eine allgemeine und radicale Irrlehre, weil er alle andern in sich schliesst; in Beziehung der Handlungen ist er eine radicale und allgemeine Uebertretung der Gebote, weil er zu allen Uebertretungen derselben berechtigt und sie gutheisst.

Beweisen wir Punkt für Punkt!

In der Ordnung der Lehren ist der Liberalismus Häresie. Häresie nennt man jede Lehre, welche ausdrücklich und hartnäckig einen christlichen Glaubenssatz leugnet. Der Liberalismus als Lehre leugnet aber erstens alle Glaubenssätze im Allgemeinen und dann jeden einzelnen im Besondern. Er leugnet alle im Allgemeinen, wenn er die absolute Unabhängigkeit der individuellen Vernunft im Individuum und der socialen Vernunft oder des öffentlichen Kriteriums in der Gesellschaft behauptet oder annimmt. Wir sagen: behauptet oder annimmt; weil man zuweilen in den secundären Folgerungen das liberale Princip nicht behauptet, sondern als vorausgesetzt und angenommen hinnimmt. Er leugnet die unbedingte Gerichtsbarkeit des göttlichen Heilandes über die Menschen und die Gesellschaften und mithin auch die übertragene Gerichtsbarkeit, welche das sichtbare Oberhaupt der Kirche von Gott empfieng über alle und jeden einzelnen Gläubigen, welchen Standes und welcher Würde dieselben auch sein mögen. Er leugnet die Nothwendigkeit der göttlichen Offenbarung und die Verpflichtung, die dem Menschen obliegt, selbe anzunehmen, so er sein Endziel erreichen will. Er leugnet das formale Glaubensmotiv, d. i. die Auctorität des offenbarenden Gottes, indem er blos jene Wahrheiten der geoffenbarten Lehre annimmt, welche sein kurzer Verstand erfasst. Er leugnet das unfehlbare Lehramt der Kirche und des Papstes und folglich alle von demselben aufgestellten Lehrsätze. Nach dieser allgemeinen Leugnung in Bausch und Bogen leugnet er noch jedes einzelne Dogma im Besondern oder im Angewandtconcreten, je nachdem er sie eben gemäss den Umständen im Widerspruche mit seinem rationalistischen Kriterium findet. Auf diese Weise verleugnet er den Taufschein, wenn er die Gleichheit aller Culte behauptet oder voraussetzt; leugnet die Heiligkeit der Ehe, wenn er die Lehre von der sogenannten Civilehe aufstellt; leugnet die Unfehlbarkeit des römischen Papstes, wenn er sich weigert, dessen authentische Befehle und Lehren als Gesetz anzunehmen, indem er selbe seinem eigenen Gutachten (*Placet*) oder Genehmigungsdecret (*Exequatur*) unterwirft, nicht etwa blos um deren Aechtheit zu erklären, wie dieses ursprünglich der Fall war, sondern um über den Inhalt derselben abzuurtheilen.

In der Ordnung der Handlungen ist der Liberalismus radicale Immoralität. Und zwar deswegen, weil er das Princip oder die Fundamentalregel jeder Sittlichkeit zerstört, nämlich die ewige Vernunft Gottes, welche in der menschlichen ihren Widerschein wirft und welcher die menschliche unterthan sein muss; denn dem Liberalismus gilt jenes absurde Princip der unabhängigen Moral als heilig, welche im Grunde genommen die Sittenlehre ohne Gesetz ist, oder was dasselbe ist, die freie Moral, eine Moral, die keine Moral ist, da ja die Idee der Moral, abgesehen vom Begriffe einer leitenden Richtschnur, überdies noch die Idee einer Zügelung oder Beschränkung in sich begreift. Ueberdies ist der gesammte Liberalismus Unsittlichkeit, weil er in seinem geschichtlichen Entwicklungsgange die Uebertretung aller Gebote als erlaubt aufgestellt und gutgeheissen hat, angefangen von jenem ersten der zehn Gebote Gottes, das die Verehrung eines einzigen Gottes vorschreibt bis zu jenem, das die Leistung der zeitlichen Verpflichtungen gegenüber der Kirche auferlegt, welches das letzte der fünf Kirchengebote ist.

Daher ist die Behauptung richtig, dass der Liberalismus in der Ordnung der Ideen der absolute Irrthum und in der Ordnung der Handlungen die absolute Unordnung ist. In jeder der beiden Hinsichten ist er *ex genere suo* seiner Natur nach sehr schwere Sünde, ist er Todsünde.

4.

Die besondere Schwere der Sünde des Liberalismus·

Die katholische Theologie lehrt, dass nicht alle schweren Sünden gleich schwer sind, auch innerhalb ihrer specifischen und wesentlichen Verschiedenheit von den lässlichen Sünden. Es gibt verschiedene Grade in der Sünde, auch innerhalb der Kategorie der Todsünde, ebenso wie es Grade gibt beim guten Werke in der Kategorie des guten und dem Gesetze Gottes gemässen Handelns. So ist die directe Sünde gegen Gott, wie z. B. die Gotteslästerung eine Todsünde von grösserer Schwere als die directe Sünde gegen den Menschen, wie eine solche der Diebstahl z. B. ist. Nun gut! Mit Ausnahme des ausdrücklichen, formalen Hasses gegen Gott und der absoluten Verzweiflung, welche Sünden höchst selten von den Geschöpfen begangen werden, es sei denn in der Hölle, so sind von allen die schwersten Sünden jene gegen den Glauben. Der Grund davon ist einleuchtend, der Glaube ist die Grundlage der ganzen übernatürlichen Ordnung; nun aber ist die Sünde insofern Sünde, als sie irgend einen Punkt dieser übernatürlichen Ordnung angreift; also ist jene die grösste Sünde, welche die wichtigste Grundlage der besagten Ordnung angreift.

Ein Beispiel wird es klar machen. Man verursacht dem Baume eine Verletzung, wenn man irgend einen Ast abschneidet; man verursacht ihm eine desto grössere Verletzung je wichtiger der abgehauene Ast ist, so man ihm aber die Wurzel abschneidet oder den Stamm sogar fällt, bringt man ihm die grösstmögliche Verletzung bei. Der hl. Augustin, welchen der hl. Thomas anführt, sagt in seiner Abhandlung von der Sünde gegen den Glauben rundweg, ohne irgend welche Ausnahme zu machen: *Hoc est peccatum quo continentur cuncta peccata*, „dieses ist die Sünde, in welcher alle übrigen Sünden enthalten sind". Und der Engel der Schule selber spricht über diesen Punkt mit seiner gewohnten Klarheit: „Eine Sünde", sagt er, ist um so grösser, je mehr der Mensch dadurch von Gott getrennt wird; nun aber entfernt sich der Mensch durch die Sünde gegen den Glauben so weit als es nur möglich ist, von Gott, weil er sich der wahren Gotteserkenntniss beraubt; deshalb, schliesst der hl. Lehrer, ist die Sünde gegen den Glauben die grösste, die man kennt.

Jedoch wird die Sünde gegen den Glauben noch grösser, wenn sie nicht blos ein schuldbarer Mangel an dieser Tugend und Gotteserkenntnis ist, sondern sogar zur Leugnung und zum erklärten Kampfe gegen die ausdrücklich von der göttlichen Offenbarung aufgestellten Glaubenssätze wird. Dann erhält die Sünde gegen den Glauben, welche schon an und für sich sehr schwer ist, noch eine grössere Schwere, sie wird zur Sünde der Ketzerei. Sie fasst in sich die ganze Bosheit des Unglaubens; ja noch mehr, den ausdrücklichen Widerspruch gegen eine Glaubenslehre, oder das ausdrückliche Bekenntnis einer Lehre, welche von demselben Glauben als falsch und irrthümlich verworfen wurde. Zu der sehr schweren Sünde gegen den Glauben kommt noch der Starrsinn und das hartnäckige Beharren in derselben und eine gewisse hochmüthige Ueberhebung der eigenen Vernunft über die Vernunft Gottes.

Folglich machen die häretischen Lehren und häretischen Werke die grössten aller Sünden aus, mit Ausnahme der oben angeführten Sünden, deren indes, wie wir bemerkt haben, gewöhnlich nur der böse Geist und die Verdammten fähig sind.

Folglich ist der Liberalismus, welcher Häresie ist, und die liberalen Werke, welche häretische Werke sind, die grösste Sünde, die man im Codex des christlichen Gesetzes kennt.

Folglich ist liberal zu sein, mit Ausnahme jener Fälle, in denen die *bona fides*, die Unwissenheit und Unüberlegtheit eine Entschuldigung bilden. sündhafter als ein Gotteslästerer, ein Betrüger, ein Ehebrecher oder Mörder zu sein oder was immer zu thun von dem, was Gottes Gesetz verbietet und Gottes unendliche Gerechtigkeit bestraft.

So fasst es der moderne Naturalismus allerdings nicht auf; aber so glaubten es von jeher die christlichen Staaten bis zum Anbruch des gegenwärtigen Zeitalters; so lehrt uns immerfort die heilige Kirche; so richtet und urtheilt der allgerechte Gott. Ja, die Häresie und die häretischen Werke sind von allen die schwärzesten Sünden; und desshalb sind der Liberalismus und die liberalen Handlungen *ex genere suo* ihrer Natur nach jenes Uebel, das jedes Uebel übertrifft.

5.

Die verschiedenen Grade des Liberalismus.

Den Liberalismus als ein System von Lehren kann man S c h u l e nennen; als Organisation von Anhängern, welche jene

Lehren vertheidigen und verbreiten, wird er zur Secte; als Verbindung endlich von Leuten, welche sich die Aufgabe stellen, jene Meinungen im Gebiete des öffentlichen Rechtes zur Herrschaft zu bringen, heisst er **Partei**. Jedoch man möge den Liberalismus betrachten als Schule, oder als Secte oder als Partei, so bietet er innerhalb seiner logischen und specifischen Einheit verschiedene Grade und Schattirungen dar, welche zu studieren und auseinanderzusetzen dem christlichen Theologen **von Nutzen sein dürfte**.

Vor allen Dingen **ist es** angezeigt zu **bemerken, dass** der Liberalismus eine **Einheit ist**, d. h. er bildet **einen** Organismus von vollkommen **und logisch verknüpften** Irrthümern, worin der Grund liegt, warum man ihn **System nennt**. In der That, **geht** man bei demselben **vom fundamentalen Grundsatz aus, dass** der Mensch und die Gesellschaft **vollständig autonom** oder vom Gesetze frei seien mit absoluter Unabhängigkeit **von jeder andern natürlichen** oder übernatürlichen Richtschnur, **die nicht ihre eigene ist, so folgt** daraus in einem **vollkommenen** Zusammenhange der Consequenzen Alles, was die zügelloseste Volksaufwieglerei lehrt **und im Namen** desselben in die Welt hinausposaunt.

Die Revolution hat nichts **Grosses** aufzuweisen, ausgenommen ihre unbeugsame Logik. Sogar die im höchsten **Masse** despotischen Handlungen, welche dieselbe im **Namen der Freiheit begeht, und** welche wir **Alle** auf den **ersten Blick der** ungeheuerlichsten Inconsequenz zeihen, gehorchen **einer unbeugsamen und** höhern Logik. Denn sobald die Gesellschaft **als einziges Gesetz nur den** Willen der Mehrheit **anerkennt, ohne jede andere Norm oder Regel, wie** könnte man **dann dem Staate das vollkommene Recht bestreiten,** jede Unbill **gegen die Kirche zu begehen, so oft es nach jenem** seinem einzigen **socialen Gesetze ihm zum Nutzen** oder Gefallen gereicht, selbe zu **begehen? Hat man einmal** angenommen, dass die Mehrheit immer **das** Recht **auf ihrer Seite hat, dann bleibt** auch als einziges Gesetz **jenes** des Stärkern festgestellt, **und so kann** man schliesslich **ganz folgerichtig bis zur äussersten** Brutalität gelangen.

Aber trotz dieser logischen **Einheit des Systems, sind die** Menschen **nicht** immer logisch; ein **Umstand, der die** erstaunlichste Verschiedenheit **oder** Abstufung der Färbungen innerhalb jener Einheit zur Folge **hat**. Die eine Lehre fliesst nothwendig aus eigener Kraft von der **andern** heraus; jedoch sind **die** Leute in der Anwendung derselben **meist** unlogisch **und** inconsequent.

Wenn die Menschen ihre eigenen Grundsätze bis zu den letzen Consequenzen treiben würden, so wären Alle heilig, falls ihre Grundsätze gut wären und Alle hinwieder gleicherweise Teufel der Hölle, wenn dann ihre Principien schlecht wären. Die Inconsequenz ist es, welche gute und böse, halbgute und ziemlich schlechte Leute macht. Wenn wir nun diese Beobachtungen auf die gegenwärtige Frage des Liberalismus anwenden, so können wir sagen, dass es Gott sei Dank, verhältnismässig wenige vollständig Liberale gibt; das hindert jedoch keineswegs, dass der grössere Theil, wenn er auch nicht den Gipfel der liberalen Verdorbenheit erstiegen, dennoch aus wahren Liberalen besteht, d. h. aus wahren Schülern, oder Parteigängern, oder Sectirern des Liberalismus, je nachdem man den Liberalismus als Schule, Partei oder Secte betrachtet.

Prüfen wir diese Abarten der liberalen Gattung oder Familie. Es gibt Liberale, welche die liberalen Grundsätze annehmen, jedoch die Consequenzen verabscheuen, wenigstens die gröbsten und extremsten derselben. Einige nehmen von den Folgerungen und Nutzanwendungen blos jene an, welche ihnen schmeicheln, doch machen sie sich Gewissensscrupeln, die Grundsätze schlechthin anzunehmen. Die Einen möchten den Liberalismus einzig auf den Unterricht angewendet wissen; Andere blos auf die civile Oekonomie oder Staatswirthschaft; wieder Andere ausschliesslich auf die politischen Formen. Nur die fortgeschrittensten Liberalen der lebhaftesten Farbe predigen die natürliche, durchgängige Anwendung auf Alles und für Alles. Der Abschwächungen und Verstümmelungen des liberalen Credos sind so viele, als es Interessen gibt, die durch seine Anwendung einen Vortheil oder Nachtheil erhalten; und somit ist es im Allgemeinen ein Irrthum zu glauben, dass der Mensch mit der Vernunft denke, da es ja auch üblich ist, mit dem begierlichen Herzen oder öfters auch mit dem Magen zu denken.

Daher denn die verschiedenen Parteien, welche einen Liberalismus von diesem oder jenem Grade predigen, wie auch der Wirth Branntwein von dieser oder jener Sorte ausschenkt je nach Belieben des Trinkers. Daher kommt es, dass es keinen Liberalen gibt, dem nicht sein Nachbar von stärkerer liberaler Färbung ein brutaler Demagog zu sein schiene, und sein mehr gemässigter ein wüthender Reactionär. Bah! das ist eine blosse Frage der Alcoholscala und nichts weiter. Indess sowohl jenen, welche heuchlerisch in Cadix ihren Liberalismus unter Anrufung der hl. Dreifaltigkeit tauften, als auch jene Herren, welche in jüngster Zeit ihm den

Wahlspruch „Krieg gegen Gott" gegeben haben, — sie alle nehmen
die verschiedenen Stufen dieser liberalen Scala ein ; und der Beweis
dafür ist, dass Alle diesen gemeinsamen Namen tragen oder im
Nothfalle anrufen. Das liberale oder unabhängige Kriterium ist bei
ihnen ein und dasselbe, mag es dann auch bei jedem Einzelnen in
den Anwendungen mehr oder minder stark betont sein. Wovon
hängt nun diese mehr oder minder starke Betonung ab? Oft von
den Interessen, nicht selten von der Gemüthsart; manchmal von
gewissen Fesseln der Erziehung, die Manche verhindern, blindlings
den Fuss auf den gefahrvollen Weg zu setzen, den Andere gehen ;
bisweilen vielleicht auch von Menschenfurcht oder von Familienrück-
sichten : von Beziehungen und freundschaftlichen Verträgen, u s. w.

Wir übergehen stillschweigend die satanische Tactik, welche
den Menschen oft dazu verleitet, eine Idee nicht ganz auszusprechen
oder sogar zu verbergen, um ja nicht Aufsehen zu erregen, aber
um sie desto zugänglicher und erträglicher zu machen, was man
ohne vermessentlich zu urtheilen von gewissen liberalen Conservativen
behaupten kann, für welche der Name „Conservativ" nur die Maske
oder der Deckmantel des offenkundigen Volksaufwieglers zu sein
pflegt. Aber im Allgemeinen kann die christliche Nächstenliebe
bezüglich der Liberalen vom mittleren Schlage eine gewisse Dose
von Redlichkeit und natürlicher Gutmüthigkeit oder Einfalt annehmen,
welche uns verpflichtet, sie wenigstens zu bemitleiden, wenn sie
dieselben auch nicht ganz unverantwortlich macht (wie wir bald
zeigen werden).

Also darüber sind wir einig, wissbegieriger Leser, dass der
Liberalismus eine geschlossene Einheit bildet, dass es jedoch, wie
es beim schlechten Wein der Fall ist, Liberale von verschiedener
Farbe und verschiedenem Geschmacke gibt.

6.

Der sogenannte katholische Liberalismus oder liberale Katholicismus.

Von allen Inconsequenzen und Widersprüchen, welche man in
den mittleren Abstufungen des Liberalismus findet, ist die wider-
sprechendste und die gehässigste jene, welche nichts weniger als
den Einklang des Liberalismus mit dem Katholicismus behauptet,
um dasjenige zu bilden, was in der Geschichte der modernen Ver-

irrungen unter dem Namen katholischer Liberalismus oder liberaler Katholicismus bekannt ist. Und trotzdem haben diesem Absurdum vortreffliche **Köpfe und biedere Herzen** gehuldigt, so dass wir nicht umhin können zu glauben, **dass sie von guter** Absicht beseelt waren. Es gab da eben eine Zeit **der Mode und des** Blendwerks, welche, dem Himmel sei's gedankt, **dem** Ende zugeht oder schon abgelaufen ist.

Es entsprang dieser **traurige** Irrthum aus einem übertriebenen Verlangen, jene Lehren, welche nothwendig und **wesentlich** unversöhnliche Feinde sind, zu vereinbaren und in Einklang zu bringen. Der Liberalismus **ist das** Dogma der absoluten Unabhängigkeit der individuellen **und socialen** Vernunft; der Katholicismus ist das Dogma der absoluten Unterwerfung der individuellen und socialen Vernunft unter **das** Gesetz Gottes. Wie sollte **man** das Ja und das Nein so entgegengesetzter **Lehren** vereinbaren? **Den Gründern** des katholischen Liberalismus schien das ein leichtes Ding. Sie dachten sich eine individuelle Vernunft, welche **an das Gesetz des** Evangeliums gebunden wäre, jedoch **zugleich mit ihr eine** öffentliche oder sociale Vernunft, welche **von jeder** Beschränkung in diesem Punkte frei und unabhängig wäre. Sie sagten: Der Staat als solcher dürfe keine Religion haben, oder dürfe sie blos bis zu einem gewissen Punkte haben, um nicht die Andern zu belästigen, welche nichts von derselben wissen wollen. So also muss der Privatmann der Offenbarung Jesu Christi sich unterwerfen, der Staatsbürger aber als solcher sich so betragen, als ob für ihn besagte Offenbarung nicht vorhanden wäre. Auf diese Weise fügten sie die berühmte Redensart zusammen: „Freie Kirche im freien Staate"; eine Formel, für deren Verbreitung und Vertheidigung sich in Frankreich mehrere ausgezeichnete Katholiken und unter ihnen sogar ein Prälat eidlich verpflichteten; eine Formel, welche verdächtig erscheinen musste, seitdem Cavour sie als Losungswort geschrieben auf die Fahne der Revolution gegen die zeitliche Herrschaft des heiligen Stuhles; eine Formel endlich, von welcher trotz ihrer offenbaren Niederlage, uns nicht bekannt wäre, das einer ihrer Urheber sie auch widerrufen hätte.

Diese erlauchten Sophisten gelangten nicht zur Einsicht, dass wenn man die individuelle Vernunft zur Unterwerfung unter das Gesetz Gottes verpflichte man doch nicht die öffentliche oder sociale Vernunft für entbunden von demselben erklären könne, ohne in einen ungereimten Dualismus zu fallen, welcher den Menschen dem Gesetze zweier entgegengesetzter Kriterien und zweier entgegen-

gesetzter Gewissen unterwirft. Die Unterscheidung des Menschen
in Privatperson und Staatsbürger verpflichtet ihn, Christ zu sein in
der ersten Beziehung und erlaubt ihm gottlos zu sein in der zweiten;
und daher musste jene Unterscheidung alsbald unter dem wuchtigen Keulenschlage der untadelhaft katholischen Logik fallen, der
Syllabus, auf den wir bald zu sprechen kommen, machte derselben
schliesslich für immer ein Ende. Dennoch blieb der eine oder
andere Schüler dieser glänzenden, aber höchst traurigen Schule
gleichsam als Nachzügler zurück; zwar wagt er es nicht mehr,
offen die katholisch-liberale Theorie zu verfechten, deren begeisterter
Lobredner er seiner Zeit gewesen, jedoch in der Praxis richtet er
sich dennoch nach derselben, manchmal ohne sich darüber Rechen-
schaft zu geben, dass er mit Netzen zu fischen versuche, welche
als alt und bekannt der Teufel schon bei Seite legen hiess.

7.

Worin besteht nun wohl das Wesen oder der innere Grund des sogenannten liberalen Katholicismus?

Das innerste Wesen des sogenannten katholischen Liberalismus
oder, wie man gewöhnlich hört, des liberalen Katholicismus besteht,
genau betrachtet, wahrscheinlich einzig in einer falschen Auffassung
des Glaubensactes. Nach den Erklärungen der liberalen Katholiken
über ihren Standpunkt scheint es, dass ihr ganzes Glaubensmotiv
nicht etwa auf der unendlich wahrhaften und unfehlbaren Auctorität
Gottes beruhe, welcher sich würdigte, uns den einzigen Weg zu
offenbaren, der uns zur übernatürlichen Glückseligkeit führen soll,
sondern auf der freien Abwägung der eigenen persönlichen Urtheilskraft, welche dem Menschen sagt, dieser Glaube sei besser als
jener. Das Lehramt der Kirche wollen sie nicht anerkennen als
die einzig von Gott gesetzte Anstalt, den Gläubigen die geoffenbarte
Lehre vorzustellen und ihren ächten Sinn zu bestimmen, sondern
sie werfen sich vielmehr zu Richtern über die Lehre der Kirche
auf und nehmen von derselben nur Jenes an, was ihnen gut dünkt
und behalten sich allemal das Recht vor, die gegentheilige Lehre zu
glauben, so oft Scheingründe ihnen zu beweisen scheinen, es sei
heute falsch, was sie gestern als wahr geglaubt haben

Zur Widerlegung dieser Anschauung genügt es, die **Funda-**mentallehre vom **Glauben zu kennen, wie sie** über diesen **Punkt** vom heiligen vaticanischen **Concil** auseinandergesetzt worden **ist.** Uebrigens nennen jene Herren **sich Katholiken,** weil sie fest glauben, **dass der** Katholicismus die **einzig wahre Offenbarung** des Sohnes **Gottes ist**; heissen sich jedoch **liberale oder freisinnige** Katholiken, weil **sie dafür halten,** dass dieser **ihr Glaube weder ihnen noch** irgend einem Andern durch **ein höheres** Motiv, als ihre freie **Abwägung** auferlegt werden dürfe. Auf diese **Weise** werden sie, **ohne es gerade** selbst zu merken, **vom** Teufel hinterlistig betrogen, der **ihnen an** Stelle des übernatürlichen Glaubensprincips das natürliche **Princip der freien** Forschung und Prüfung unterschiebt. Deswegen haben sie, wenn sie auch den **Glauben an die** christlichen Wahrheiten zu haben ver-**meinen,** eigentlich doch keinen Glauben, sondern blosse menschliche Ueberzeugung, was wesentlich verschieden **ist.**

Daher kommt es, **dass** sie meinen, **ihrer Vernunft** stehe es frei zu glauben oder nicht, **und** dass sie ebenso **von der** Vernunft aller Uebrigen **urtheilen.** Im Unglauben sehen sie **kein** Laster, auch keine Krankheit **oder geflissentliche Verblendung des** Geistes und **noch** mehr **des Herzens, sondern einen erlaubten** Act der innern richterlichen **Gewalt eines jeden Einzelnen,** der also ebenso Herr ist zu glauben, **oder Nichts zu glauben. Sehr** entsprechend diesem Grundsatz ist deshalb **der Abscheu vor jedem** moralischen oder physischen **Zwange oder Beeinflussung von** Aussen her, **um die** Häresie **zu bestrafen oder** ihr zuvorzukommen; daher die **Abneigung** gegen **die aufrichtig** katholischen bürgerlichen Gesetzgebungen: daher **hinwieder die** sehr hohe Achtung, mit welcher sie **die Ueber-**zeugung **Anderer** behandelt wissen wollen, auch diejenigen, welche mit der geoffenbarten Wahrheit **im** schroffsten Widerspruche stehen; **somit** sind **für sie** dieselben ebenso heilig, **wenn selbe** irrig, als **wenn** dieselben **wahr** sind, **indem ja alle von dem nämlichen** heiligen Princip der Freiheit der Vernunft **herrühren.** Damit erhebt man die sogenannte Toleranz oder Duldung **zum Dogma** und drängt der katholischen Polemik **gegen die** Irrlehrer **ein** neues Gesetzbuch auf, welches im Alterthum **die grossen Kämpfer des** Katholicismus nie gekannt haben.*)

---

*) Die **Wahrheit, die an** sich selber **glaubt,** kann nicht **tolerant** oder duldsam sein, d. **h. sie gestebt** keiner **andern** Idee Gleichberechtigung zu. sie steht mit Allem, **was** ihr widerspricht, in **einem immerwährenden** Kampfe ohne Waffenstillstand. Schon **die** ersten **Christen haben** es **mit** Entrüstung

Ist nun einmal der Hauptbegriff des Glaubens wesentlich naturalistisch, so folgt daraus, dass die ganze Entwicklung desselben im einzelnen Menschen wie in der Gesellschaft naturalistisch sein muss. Daher wird auch die Kirche hauptsächlich und manchmal ausschliesslich geschätzt nur wegen der Vortheile der Cultur und der Civilisation, die sie den Völkern verschafft, während man ihren übernatürlichen Hauptzweck, nämlich die Verherrlichung Gottes und das Heil der Seelen vergisst oder meistens für nichts achtet. An dieser falschen Auffassung scheinen verschiedene katholische Apologieen, die heut zu Tage geschrieben werden, zu leiden, so dass nach der Meinung solcher, wenn der Katholicismus unglücklicherweise in irgend einem Punkte den Völkern Ursache zu materiellem zeitlichen Schaden gewesen, die katholische Religion folgerichtig weder wahr noch lobenswerth sein würde. Und doch könnte dieser Fall eintreten und zweifelsohne ist für manche Personen und Familien die treue Anhänglichkeit an ihre Religion Anlass zum wahren zeitlichen Ruin geworden, ohne dass die Religion deswegen aufgehört hätte etwas sehr Vorzügliches und Göttliches zu sein.

Dieses ist die Richtschnur, welche die Feder der meisten liberalen Zeitungen leitet, welche da die Zerstörung einer Kirche beklagen, aber darin bloss die Entweihung der Kunst darzuthun wissen; sie sprechen zu Gunsten der religiösen Orden, doch einzig in Erwägung der guten Dienste, die sie den Wissenschaften geleistet; sie erheben die barmherzigen Schwestern bis in den Himmel, aber nur in Anbetracht der menschenfreundlichen Dienste, mit denen sie die Schrecknisse des Krieges lindern; sie bewundern den Gottesdienst, aber sie beachten nur sein äusseres Gepräge und dessen poetische Seite; in der katholischen Literatur schätzen sie die hl. Schriften, aber es fällt ihnen bloss deren majestätisch erhabener Styl auf. Aus dieser Art, den Katholicismus bloss wegen seiner Grösse, Schönheit, seines Nutzens oder seiner materiellen Vortrefflichkeit zu schätzen, folgt in richtiger Schlussfolgerung, dass der Irrthum die gleiche Hochschätzung verdient, wenn er solche Bedingungen in sich vereint, wie denn auch irgend einer der falschen

---

zurückgewiesen, als die toleranten Römer sich anerboten, ihren Christus in das Pantheon der Götter aufzunehmen, ihm auch neben den Andern göttliche Ehre zu erweisen. „Unser Christus," sagten sie, „steht nicht neben euern satanischen Götzen; unser Christus ist vielmehr mit dem Vater und dem heiligen Geiste der einzige Gott, und was ihr da habt, sind Ausgeburten der verirrten Phantasie und des bösen Geistes."

Culte sonder Zweifel solche Vortheile bei mehr als einer Gelegenheit scheinbar in sich vereinigt.

Sogar an die Frömmigkeit klammert sich die schlimme Bethätigung dieses naturalistischen Princip's an und verwandelt sie in wahren Pietismus, d. i. in Verfälschung der wahren Frömmigkeit. Wir bemerken dies bei so vielen Leuten, die in den frommen Uebungen nichts Anderes suchen, als sinnliche Erregung, was der reine Sensualismus der Seele ist und nichts weiter. So scheint heutzutage bei vielen Seelen der christliche Ascetismus, der die Reinigung des Herzens mittelst der Zügelung der Begierden in's Auge fasst, ganz entkräftet und der christliche Mysticismus verkannt zu sein; letzterer ist nicht etwa die sinnliche Erregung und Empfindung, noch die innere Tröstung, noch ein anderes ähnliches menschliches Gelüsten, sondern die Vereinigung mit Gott durch Unterwerfung unter seinen heiligsten Willen, durch die übernatürliche Liebe.

Indess bildet der liberale Katholicismus oder besser gesagt der falsche Katholicismus einen grossen Bestandtheil des Katholicismus, den gewisse Leute heute bekennen. Es ist nicht Katholicismus, es ist blosser Naturalismus, es ist purer Rationalismus; es ist Heidenthum mit katholischer Sprache und katholischen Formen, wenn man uns diesen Ausdruck erlaubt.

8.

Schatten und Halbschatten oder äusserer Grund dieser liberal-katholischen Secte.

Nachdem wir im vorhergehenden Capitel den inneren (wesentlichen) oder formalen Grund des katholischen Liberalismus gesehen, gehen wir in diesem Abschnitt über zur Untersuchung dessen, was wir seinen äusseren oder geschichtlichen oder materiellen Grund nennen können, wenn unsern Lesern diese letzte schulgerechte Eigenschaftsbestimmung besser gefällt.

Die Irrlehren, welche wir heutzutage in dem langen Zeitraume der Jahrhunderte zwischen der Ankunft Jesu Christi und unserer gegenwärtigen Zeit beobachten, stellen sich uns auf den ersten Blick wie klar und bestimmt umschriebene Punkte in ihrem betreffenden geschichtlichen Zeitabschnitte dar, so dass man zur Veranschaulichung wie mit einem Zirkel zeichnen könnte, wo ihr Anfang und wo ihr Ende, oder eine geometrische Linie ziehen, welche diese schwarzen **Punkte von dem übrigen weissen** Felde trennt, in welchem **dieselben sich befinden.** Aber dieses Urtheil ist, genau betrachtet, **nichts mehr als eine Täuschung** der Distanz. Ein aufmerksameres Studium, welches **uns mit dem** Fernglas **einer** guten **Kritik** jenen Epochen nähert **und uns in wahre** geistige Berührung **mit ihnen** bringt, erlaubt uns **zu** beobachten, **dass in** keiner dieser geschichtlichen Perioden die **Grenzen,** welche den Irrthum **von** der Wahrheit scheiden, sich **so** geometrisch **bestimmt zeigen; nicht etwa als** ob der Irrthum **das** wirkliche eigentliche **Wesen der Wahrheit** berührte, denn dieses **ist sehr** klar bestimmt durch die Lehrentscheidung der Kirche, sondern weil sie **wegen** ihrer Auffassung und äusseren Bekenntnisse, **oft** einander nahe **treten,** oder wegen der Art, **sie zu bekennen oder zu leugnen,** welche das jedesmalige Geschlecht **mit mehr oder weniger Aufrichtigkeit befolgt** hatte. Der **Irrthum in der** Gesellschaft ist **wie ein** hässlicher Flecken in einem Zeug **von feinstem** Gewebe. Man **sieht** ihn deutlich; will man aber seine Grenzlinien genau bestimmen, so sind seine **Umrisse so** verschwommen wie die Dämmerungsschatten, **welche** den Tag, der **sich** neigt, **von** der hereinbrechenden Nacht trennen **und** umgekehrt **die** verschwindende Nacht vom **anbrechenden** Tag. Einige verschwommene Halbschatten gehen **dem** Irrthume, welcher **der** schwarze Schatten **ist,** voraus, **folgen ihm nach und** umgeben ihn. **Diesen kann man** bisweilen für den **Schatten** selber **halten,** jedoch **erhellt von irgend einem** Wiederschein eines erlöschenden Lichtes, **oder** auch das Licht selber, das die **ersten Schatten** bereits trüben **und** verdunkeln.

So **war jeder in bestimmter** Form abgefasste Irrthum **in der** Gesellschaft **von etwas Anderem** umgeben, **das gleichsam** die Atmosphäre des Irrthums **selber** bildete, die aber leichter, flüchtiger und milder war. So **hatte der** Arianismus **seinen** Semiarianismus, der Pelagianismus seinen Semipelagianismus, **der rohe** Lutheranismus seinen Jansenismus, **der nichts mehr** als ein gemässigter Lutheranismus ist. Gleicherweise **hat im** gegenwärtigen Zeitalter **der** radicale **Liberalismus** seinen entsprechenden Semi-Liberalismus, **der** ihn **von allen Seiten** umgibt und **der nichts Anderes ist,** als die liberalkatholische **Secte, die** wir eben **untersuchen** wollen. Es ist dies, **was der Syllabus** einen gemässigten Rationalismus **nannte;** es ist **der Liberalismus ohne** die offene Rohheit und **Schroffheit der ersten Principien und ohne** den Schrecken **der** letzten Schlussfolgerungen; **es ist** der Liberalismus **für den Gebrauch** Jener, welche **dennoch**

nicht einwilligen, abzulassen sich für Katholiken zu halten oder aus-
zugeben; es ist die traurige Abenddämmerung der Wahrheit, welche
sich im Menschengeiste zu verfinstern beginnt oder der Irrlehre,
welche noch nicht völligen Besitz von demselben genommen. Wir
beobachten in der That, dass liberale Katholiken theils diejenigen
Katholiken zu sein pflegen, welche immer mehr nachlassen, feste Katholiken zu sein und theils diejenigen Liberalen im eigentlichen, rohen
Sinne, welche zum Theil enttäuscht ihren Irrthum eingesehen, aber
doch nicht den Fuss auf das eigentliche Gebiet der vollständigen
Wahrheit gesetzt haben. Zudem ist es das feine, höchst scharf-
sinnige Mittel, das der Teufel immer angewendet hat, um Viele auf
seine Seite zu ziehen, die sonst in Wahrheit seine hinterlistigen
Anschläge würden verabscheut haben, wenn sie dieselben wohl
erkannt hätten.

Dieses satanische Mittel erlaubt solchen Leuten immerhin einen
Fuss auf dem Gebiete der Wahrheit zu halten, wenn sie nur den
andern Fuss vollständig im gegentheiligen Gebiete halten. So vermeiden diejenigen, deren Gewissen noch nicht alle Empfindsamkeit
verloren, den heilsamen Schrecken der Gewissensbisse; so befreien
sich denn auch die schwachen und wankelmüthigen Geister, welche
die Mehrzahl bilden, von den misslichen Verlegenheiten, die jeder entscheidende Entschluss immer mit sich bringt. So gelingt es diesen bieg-
samen Leuten, Stellung zu nehmen, je nachdem ein günstiger Wind bläst,
bald in diesem oder jenem Gebiete, während sie sich bemühen in
beiden als Freunde und Vertraute zu erscheinen; so kann der
Mensch schliesslich einen officiellen und anerkannten Mantel über
die meisten seiner Armseligkeiten, Schwächen und Inconsequenzen
hängen.

Vielleicht hat man die gegenwärtige Frage nach dieser Seite
hin noch nicht gehörig in der alten und in der zeitgenössischen
Geschichte studirt; eine Seite, welche eben deswegen auch
praktischer ist, mag sie auch weniger edel sein, weil man leider
im minder Edlen und Erhabenen, für gewöhnlich die geheime
Triebfeder der meisten menschlichen Erscheinungen zu suchen hat.
Wir haben es für gut erachtet, dieses hier bloss anzudeuten, indem
wir die Aufgabe, es zu erweitern und vollständig zu entwickeln,
Köpfen von grösserer Erfahrung und Scharfsinn überlassen.

9.

Eine andere wichtige Unterscheidung oder der praktische Liberalismus und der speculative oder wissenschaftliche Liberalismus.

Man lehrt in der Philosophie und Theologie, dass es zwei Arten von Atheismus gibt, einen wissenschaftlichen oder speculativen und einen praktischen. Der erstere besteht darin, dass man das Dasein Gottes offen und rundweg leugnet, indem man vorgibt, die unwiderlegbaren Beweise, worauf Gottes Dasein sich gründet, zu vernichten oder nicht zu kennen. Der andere besteht darin, dass man, ohne das Dasein Gottes zu leugnen, so lebt und handelt, als ob Gott wirklich nicht existirte. Die Ersten nennt man theoretische oder wissenschaftliche Gottesleugner, die Andern practische Gottes- leugner und die Zahl dieser ist sehr gross.

Das Nämliche ist beim Liberalismus der Fall. Es gibt theo- retische und practische Liberale. Die ersteren sind die Lehrmeister der Secte : Philosophen, Kathedermänner, Abgeordnete oder Zeitungs- schreiber, welche den Liberalismus in ihren Büchern, Vorträgen, Reden und Zeitungen lehren und diese Lehre mit Beweisen und Citaten, die dem Rationalismus entlehnt sind, vertheidigen, bald in verhülltem, bald im offenen Widerspruche mit der göttlichen und übernatürlichen Offenbarung Jesu Christi.

Die practischen Liberalen bilden die grosse Mehrheit des Haufens, die Schafe jener Leithämmel, die steif und fest Alles für baare Münze hinnehmen, was ihnen diese Lehrmeister sagen, oder die, ohne es gerade zu glauben, doch ihrem Führer gelehrig folgen und immer nach seinem Tacte tanzen. Sie wissen nichts von Principien und Systemen und vielleicht würden sie diese verab- scheuen, wäre ihnen die ganze Schändlichkeit derselben bekannt. Trotzdem sind sie die Hände, welche arbeiten, so wie die Theoretiker die leitenden Häupter sind ; ohne sie würde der Liberalismus sich auf die hohen Schulen beschränken ; die practischen Liberalen sind es, welche dem Liberalismus Leben und Bewegung in der Aussen- welt geben. Sie bezahlen die liberale Zeitung, stimmen für den liberalen Wahlcandidaten, unterstützen die liberale Sache, jubeln ihren Helden Beifall zu und feiern ihre Feste und jährlichen Erinnerungstage. Sie sind die *materia prima* des Liberalismus, immer bereit jede beliebige Form anzunehmen und sich stets zu jeder

Plumpheit herzugeben. Viele von ihnen giengen sogar zur Messe und unterdrückten die Ordensleute; später kamen sie zu Novenen, widmeten ihre Söhne dem Priesterstande und kauften eingezogene Kirchengüter an; heute beten sie vielleicht den Rosenkranz und geben doch wieder ihre Stimme dem Abgeordneten, der für die Cultusfreiheit einsteht. Sie haben gleichsam ein bestimmtes Gesetz geschmiedet mit der Welt zu leben, und glauben (oder wollen glauben), dass man gut daran thue. Befreit sie das von der Verantwortlichkeit und der Schuld vor Gott? Nein, gewiss nicht, wie wir bald sehen werden.

Ebenso sind auch Jene praktische Liberale, welche die liberale Theorie offen darzulegen sich zwar scheuen, wohlwissend, dass sie schon bei gewissen Einsichtsvollen in üblem Rufe steht, dennoch aber dafür sorgen, jene Theorie im praktischen Gange des Lebens aufrechtzuhalten, indem sie auf liberale oder sogenannte freisinnige Weise in Zeitungsartikeln darauf losschmieren und in Versammlungen die Schreihälse machen, liberale Wahlcandidaten vorschlagen und wählen, liberale Bücher und Leute anpreisen und anempfehlen, über Ereignisse immer nach liberalem Massstabe aburtheilen, stets einen hartnäckigen Hass gegen Alles zeigen, was ihren innigst geliebten Liberalismus in Misscredit und Nachtheil zu bringen versucht. Das ist das Benehmen vieler klugen Zeitungsschreiber, denen man schwerlich die Formulirung eigentlicher concret liberaler Sätze zur Last legen könnte; aber immerhin in Allem, was sie sagen und in Allem, was sie verschweigen, lassen sie nicht ab, die verwünschte anhangssüchtige Propaganda zu machen; diese sind von allen liberalen Kriechthieren die giftigsten.

10.

Ist der Liberalismus jeder Färbung und Beschaffenheit ausdrücklich von der Kirche verworfen worden?

Ja, der Liberalismus ist in allen seinen Graden und Erscheinungsweisen förmlich verworfen worden, so dass ausser den Gründen der innern Schlechtigkeit, die ihn verwerflich und verbrecherisch machen, für jeden katholischen Gläubigen noch die oberste und entscheidende Erklärung der Kirche hinzukommt, welche den Liberalismus eben deswegen verurtheilt und verdammt hat. Man konnte nicht gestatten, dass ein Irrthum von solcher Ausdehnung und Tragweite im Verzeichnisse der officiell verworfenen übergangen werde; und dies war bei verschiedenen Anlässen der Fall.

Die berüchtigte „Erklärung der Menschenrechte", worin alle Ungereimtheiten des modernen Liberalismus wie im Keime enthalten waren, wurde schon bei ihrem Erscheinen in Frankreich während der ersten Revolution von Pius VI. verurtheilt.

Als diese traurige Lehre später verbreitet und von fast allen Regierungen Europas angenommen wurde, wohl von den souveränen Fürsten eine der schrecklichsten Blindheiten, welche die Geschichte der Monarchie bietet, nahm dieselbe Lehre in Spanien den Namen Liberalismus an, unter dem sie heute überall bekannt ist.

Dies geschah bei Gelegenheit der furchtbaren Kämpfe zwischen den Königlichgesinnten und den Constitutionalen, welche sich seither gegenseitig mit den Spottnamen „Servile" und „Liberale" bezeichneten. Von Spanien verbreitete sich diese Benennung über ganz Europa. Nun gut! Als der Kampf am heissesten war, veröffentlichte gelegentlich der ersten Irrthümer des Lamenais Papst Gregor XVI. in seiner Encyklika *Mirari vos* die ausdrückliche Verwerfung des Liberalismus, wie man ihn damals verstand und predigte, und wie er von den constitutionellen Regierungen ausgeübt wurde.

Als aber im Laufe der Zeiten der über die Ufer tretende Strom dieser traurigen Ideen immer mehr anschwoll und unter dem Einflusse verirrter Geister sogar die Maske des Katholicismus anzog, schenkte Gott seiner Kirche Papst Pius IX., der mit vollem Rechte in der Geschichte unter dem Beinamen der „Geissel des Liberalismus" bekannt sein wird. Der liberale Irrthum in allen seinen Erscheinungsweisen und Farben ist von diesem Papste entlarvt worden. Damit in dieser Frage seine Worte mehr Gewicht erhalten würden, fügte es die Fürsehung, dass die wiederholte Verwerfung des Liberalismus von den Lippen eines Papstes ausgienge, den die Liberalen von Anfang an als einen der Ihrigen darzustellen bestrebt waren. Nach ihm gibt es nun für diesen Irrthum keine Ausflucht mehr. Die wiederholten Breven und Allocutionen des Papstes Pius IX. haben den Liberalismus dem christlichen Volke gezeigt, so wie er ist, und der Syllabus drückte schliesslich seiner Verdammung das letzte Siegel auf. Lasst uns den hauptsächlichen Inhalt einiger dieser päpstlichen Dokumente sehen! Wir wollen blos einige wenige anführen von den sehr vielen, auf die wir uns berufen könnten.

Am 18. Juni 1871 sagte Pius IX. in seiner Antwort an eine Commission französischer Katholiken: „Der Atheismus in den Gesetzen, die Indifferenz in Sachen der Religion und jene verderblichen sogenannten liberal-katholischen Grundsätze, dies, ja dies ist die wahre Ursache des Ruins der Staaten, dies war das Verderben Frankreichs. Glaubt mir! der Schaden, den ich Euch verkünde, ist furchtbarer als die Revolution und auch als die Commune. Stets habe ich den katholischen Liberalismus verdammt und werde ihn noch hundertmal verdammen, wenns nöthig ist."

In dem Breve vom 6. März 1873 an den Präsidenten und die Mitglieder des Vereins des heil. Ambrosius in Mailand drückte sich Pius IX. also aus: „Es fehlt nicht an Solchen, die es versuchen, ein Freundschaftsbündis zu schliessen zwischen Licht und Finsternis und einen Vertrag einzugehen zwischen Gerechtigkeit und Ungerechtigkeit, und dies zu Gunsten der sogenannten katholisch-liberalen Lehren, welche auf höchst verderblichen Grundsätzen beruhend, sich den Uebergriffen der weltlichen Macht auf geistliches Gebiet günstig erweisen und jene Namenskatholiken geneigt machen, ungerechte Gesetze hochzuschätzen oder wenigstens zu dulden, als ob nicht geschrieben stände, dass Niemand zweien Herren zugleich dienen kann; diejenigen, welche so handeln, sind durchaus gefährlicher und beklagenswerther als selbst die erklärten Feinde; nicht nur insoferne als sie, ohne dass es die Andern merken, und vielleicht ohne dass sie selber es beachten, die Versuche und Anschläge der Bösen begünstigen, sondern auch besonders deshalb, weil sie, innerhalb gewisser Grenzen sich haltend, nach aussen sich mit dem Schein der Billigkeit und der gesunden Lehre umgeben, um so die unklugen Schwärmer der Versöhnungspolitik hinters Licht zu führen und die ehrlichen Leute zu verblenden, die den offenkundigen Irrthum sicher bekämpft hätten."

In dem Breve vom 8. März desselben Jahres an die Vereinigung der katholischen Vereine Belgiens heisst es also: „Was Wir vor Allem an diesem Euern höchst religiösen Unternehmen loben, ist die unbedingte Abneigung, die Ihr den Berichten zufolge vor den liberal-katholischen Principien an den Tag leget, und Euere angedeutete Absicht, dieselben auszurotten. Wahrlich, indem Ihr Euch bestrebet, diesen hinterlistigen Irrthum zu bekämpfen, der gefährlicher denn eine erklärte Feindschaft ist, weil er sich mehr unter dem schönen Deckmantel des Eifers und der Liebe verhüllt, und indem Ihr es Euch sehr angelegen sein lasset, das einfältige, arglose Volk von demselben ferne zu halten, werdet Ihr eine traurige, unselige Wurzel der-Zwietracht ausreissen und wirksam beitragen, die Gemüther zu einigen und stärken. Ihr jedoch, die Ihr mit so völliger Ergebenheit alle Dokumente dieses Apostolischen Stuhles verehret, dessen wiederholte Verwerfung der liberalen Grundsätze Euch bekannt ist, habt sicherlich diese Anweisungen nicht nöthig."

In dem Schreiben an das Brüsseler Blatt La Croix unter dem 21. Mai 1874 sagt er: „Wir können nicht umhin, der in Eurem Briefe ausgesprochenen Absicht unser Lob zu spenden; denn wie Wir wussten, entspricht Euer Blatt vollständig jener Absicht, nämlich Alles das zu verbreiten, zu veröffentlichen, zu erläutern und einzuschärfen, was dieser Heilige Stuhl lehrt gegen die gottlosen, oder wenigstens falschen Lehren, zu denen man sich so vieler Orts bekennt, und besonders gegen den katholischen Liberalismus, der das Licht mit der Finsternis, die Wahrheit mit dem Irrthum zu vereinbaren sich bemüht."

Am 9. Juni 1873 schrieb er an den Präsidenten und die Mitglieder des katholischen Vereins von Orleans, und ohne ihn gerade zu nennen, beschrieb er den frömmlerischen und gemässigten Liberalismus folgendermassen: „Wiewohl Ihr gegen die Gottlosigkeit einen erbitterten Krieg führen müsst, so droht Euch doch von dieser Seite vielleicht keine so grosse Gefahr, als wie von Seite einer Anzahl Freunde, die für jene zweideutige Lehre eingenommen sind, welche zwar die letzten Consequenzen der Irrthümer zurückweist, dennoch aber die Keime derselben hartnäckig pflegt. Während sich nämlich dieselbe weder der ganzen Wahrheit anschliessen will, noch es wagt, sich gänzlich von ihr loszusagen, bemüht sie sich, die Ueberlieferungen und Lehren der Kirche nach Belieben zu deuten, indem sie selbe dem Modell der Privatmeinungen anpasst."

Aber damit wir nicht zu weitläufig werden und ermüden, begnügen wir uns, den Wortlaut eines andern Breves noch anzuführen, das ausdrucksvoller noch, als die übrigen ist und als solches nicht übergangen werden darf. Es ist an den Bischof von Quimpar gerichtet, datirend vom 28. Juli 1873. In demselben schreibt der Papst mit Bezug auf die Generalversammlung der katholischen Vereine, die man soeben in jener Diöcese abhielt, wie folgt: „Sicherlich werden sich solche Vereine nicht von dem der Kirche schuldigen Gehorsame lossagen; nicht sich verleiten lassen von den Schriften, noch von den Handlungen derer, welche dieseKirche mit Unbilden und Schmähungen verfolgen; wohl aber könnten die sogenannten liberaien Ansichten dieselben auf die schlüpfrige Bahn des Irrthums bringen.

Diese liberalen Ansichten sind vielen, sonst guten und frommen Katholiken an's Herz gewachsen, die durch eben jenen Einfluss, den ihnen ihre Religiosität und Frömmigkeit verleihen, sehr leicht sich die Gemüther erobern und sie verleiten können, sich zu sehr verderblichen Grundsätzen zu bekennen. Lege darum, ehrwürdiger Bruder, den Mitgliedern dieser Versammlung an's Herz, dass wenn Wir so oft die Anhänger dieser liberalen Ansichten tadeln, nicht so fast, jene im Auge haben, welche mit offenem Helmvisire die Kirche bekämpfen, da es überflüssig ist, vor diesen zu warnen, sondern jene Andern, auf die wir soeben hingewiesen haben. Diese nämlich behalten das heimliche Gift (*virus*) der mit der Muttermilch eingesogenen liberalen Principien in sich, das sie dann, gleichsam als wäre es nicht mit handgreiflicher Bösartigkeit geschwängert, wie sie meinen, ja sogar unschädlich für die Religion, den Gemüthern gar leicht einimpfen und so den Samen der Wirren ausstreuen, die schon lange Alles in der Welt drunter und drüber bringen. Sie mögen also Sorge tragen, diesem Netze zu entrinnen und sich bestreben, ihre Wurfgeschosse gegen diesen hinterlistigen Feind zu richten; dann werden sie sich gewiss sehr verdient machen um die Religion und um das Vaterland."

Unsere Freunde und unsere Gegner ersehen nun, dass der Papst Alles gesagt hat in diesen Breven, besonders im letzten, welches man in besonderer Weise genau erwägen und studiren sollte.

Freilich wären noch andere Documente anzuführen, aber wozu sie citiren, wenn alle dasselbe wiederholen? Welchen Irrthum, oder welche Häresie könnten wir von der Kirche verworfen nennen, wenn man nach so vielen Verdammungsurtheilen noch nicht glauben wollte, der Liberalismus sei verworfen? Wir bitten den unparteiischen Leser bei dieser Bemerkung zu verweilen; und wenn er redlich und aufrichtig ist, wie wir annehmen, so wird er dem Worte des Papstes, welches das Wort der Kirche ist, dieses aber das Wort Gottes, die Huldigung der tiefsten Unterwerfung nicht versagen.

11.

Die letzte und feierlichste Verwerfung des Liberalismus durch den Syllabus.

Wenn wir zusammenfassen, was der Papst über den Liberalismus gesagt hat, so brauchen wir nur auf folgende sehr harte Epitheta hinzuweisen, mit denen er bei verschiedenen Anlässen ihn bezeichnete. So nennt er den Liberalismus in seinem Breve an Segur bei Gelegenheit der Herausgabe seines bekannten Buches Hommage, einen „treulosen Feind;" in der Allocution an den Bischof von Nevers, „das wahre Unglück der Gegenwart;" im Briefe an den katholischen Verein des hl. Ambrosius in Mailand, „den Vertrag zwischen Gerechtigkeit und Ungerechtigkeit," und in ebendemselben Document bezeichnet er den Liberalismus als „verderblicher und gefährlicher als selbst ein erklärter Feind ist"; im angeführten Briefe an den Bischof von Quimper, „heimliches Gift"; im Breve an jene Vereine in Belgien, „hinterlistigen und heimtückischen Irrthum"; in einem andern Schreiben an den Prälaten Gaume, „höchst verderbliche Pest." Alle diese Documente kann man ganz im angeführten Buche von Segur „*Hommage aux Catholiques libéraux*" lesen.

Immerhin aber konnte der Liberalismus mit einem gewissen Scheine von Berechtigung das Ansehen dieser päpstlichen Erklärungen zurückweisen, nämlich als solche, die in Dokumenten rein privaten Charakters gegeben wurden. Die Häresie ist immer hartnäckig, zähe und listig und greift zu jedem Vorwande oder zu jedweder Entschuldigung, um der Verdammung zu entgehen. Es war also ein amtliches, öffentliches, feierliches Document allgemeinen Charakters nothwendig, das überall verkündet und entgiltig entscheidend wäre. Die Kirche konnte der Aengstlichkeit ihrer Kinder gegenüber dieses ausdrückliche und entscheidende Wort des obersten Lehramtes ihnen nicht vorenthalten. Sie gab es: es war der Syllabus vom 8. December 1864.

Alle guten Katholiken begrüssten den Syllabus mit ebensolcher Begeisterung, wie die Liberalen ihn mit fieberhafter Wuth aufnahmen. Die liberalen Katholiken hielten es für klüger, ihn von der Seite anzugreifen durch verfängliche Deutungen; jedoch die Einen wie die Andern erkannten mit Recht dessen hohe Bedeutung an. Der Syllabus ist ein amtliches Verzeichnis der Hauptirrthümer unserer Zeit in Form von concreten Sätzen, wie sie sich bei den bekann-

testen Schriftstellern finden, welche dieselben verbreiteten. Unter
diesen Irrthümern trifft man alle jene, welche dem liberalen Dogma-
tismus zu Grunde liegen. Und mag auch nur in einem einzigen
seiner Sätze der Liberalismus genannt sein, so ist es doch gewiss,
dass der grössere Theil der dort an den Pranger gestellten Irrthümer
dem Liberalismus angehören; daher ergibt sich aus der gesonderten
Verwerfung jedes einzelnen Satzes die gänzliche Verwerfung des
Systems. Wir wollen diese Irrthümer blos kurz aufzählen.

In den Sätzen XV, LXXVII und LXXVIII wird die Cultusfreiheit verdammt; das königliche Placet in dem XX. und XXVIII.;
die Amortisation, Einziehung der Kirchengüter durch den Staat in
dem XXVI. und XXVII.; die absolute Suprematie des Staates in
dem XXXIX.; der Laicismus in dem öffentlichen Unterricht oder
die confessionslose Schule in dem XLV., XLVII., XLVIII.; die
Trennung der Kirche vom Staate in dem LV.; das absolute Recht
der Gesetzgebung ohne Gott in dem LVI.; das Princip der Nicht-
dazwischenkunft in dem LXII.; das sogenannte Recht der Empörung
in dem LXIII.; die Civilehe in dem LXXIII. und noch in einem
andern Satze; die Pressfreiheit in dem LXXIX.; die allgemeine
Volksabstimmung (*suffrage universel*) als Ursprung der Auctorität in dem
LX.; endlich selbst der Name des Liberalismus in dem LXXX. Satze.

Seither wurden verschiedene Bücher abgefasst, diese Sätze klar
und genau auseinanderzulegen, und an diese kann man sich wenden.
Die bedeutungsvollste Auslegung aber und der wichtigste Kommentar
ward dem Syllabus von seinen Gegnern selber zu Theil, nämlich
von den Liberalen aller Schattirungen, indem sie uns denselben als
ihren gehässigsten Feind dargestellt haben und als das vollkommenste
Symbolum dessen, was sie Klerikalismus, Ultramontanismus und
Reaction nennen. Der Satan, der ein Bösewicht aber kein Tölpel
ist, merkte sehr gut, wohin ein so wohlberechneter Hieb direct
abzielte und er drückte einem so grossartigen Denkmale, das nach
dem göttlichen ansehnlichste Siegel auf: das seines tiefsten Grolles
nämlich. Glauben wir hierin dem Vater der Lüge! denn das, was
er verabscheut, verläumdet und begeifert, trägt schon deshalb ein
zuverlässiges und sicheres Zeugniss der Wahrheit an sich.

12.

Etwas, was Liberalismus zu sein scheint, aber nicht ist, und etwas, das es ist, obschon es nicht den Anschein davon hat.

Der Teufel ist der grosse Meister in Künsten und Verführungen, und seine beste Diplomatie übt sich darin, Verwirrung in die Ideen zu bringen. Die Hälfte seiner **Macht über die Menschen** würde der Verwünschte verlieren, **wenn die guten oder** schlechten Ideen **klar und bestimmt zu Tage** träten. Man beobachte im Vorbeigehen, dass es heute **nicht** mehr Mode ist, den Teufel so zu benamsen, vielleicht **weil der Liberalismus uns gewöhnt hat,** auch den Herrn Teufel **mit einem gewissen Respect zu behandeln.** Der Teufel also **war in Zeiten von Irrlehren und Kirchenspaltungen immer** zuerst darauf **bedacht, die Wörter zu** verdrehen **und Verwirrung in** die **Ausdrücke zu bringen;** ein sicheres Mittel, alsbald den Verstand der Mehrzahl **zu** verfinstern und zu berücken. So ergieng es mit dem Arianismus, dermassen, **dass** verschiedene Bischöfe von grosser **Heiligkeit auf** dem Concil von Mailand schliesslich **eine Formel unter- schrieben, in** welcher das Verdammungsurtheil **über den ausgezeich- neten Athanasius, den** Hammer **jener Häresie, ausgesprochen** war. Und sie würden in der Geschichte als wahre Begünstiger jener Ketzerei dastehen, wäre nicht der päpstliche Gesandte Eusebius der Martyrer noch rechtzeitig angelangt, jene Fallstricke zu lösen, welche das **Brevier** *captivatam simplicitatem* eines jener edlen ehrwürdigen Väter nennt. Dasselbe geschah mit dem Pelagianismus, das Nämliche später mit dem Jansenismus; das Gleiche begegnet uns heute mit dem Liberalismus.

Die einen verstehen unter Liberalismus gewisse politische Formen; Liberalismus ist den Andern ein gewisser Geist der Toleranz und Grossmüthigkeit entgegen dem Despotismus und der Tyrannei; Liberalismus ist für Manche die bürgerliche Gleichheit unbeschadet der Immunität und der Gerechtsame der Kirche; der Liberalismus ist endlich für Viele eine vage, unbestimmte Sache, die sich einfach definieren lässt als den Widerspruch gegenüber jeglicher Willkür der Regierung. Wir müssen uns also wieder fragen: „Was ist der Liberalismus? oder besser, was ist er nicht?"

Vor Allem **sind** die politischen Formen, welcher Art sie auch sein mögen, so demokratisch und **populär** man sie denkt, a n u n d für sich noch nicht Liberalismus. Jedes Ding ist das, was es ist. Formen sind Formen und nichts weiter. Eine unitäre oder föderale, demokratische, aristokratische oder gemischte Republik; eine repräsentative oder gemischte Regierung mit mehr oder weniger Attributen der königlichen Gewalt, oder mit einem Maximum oder Minimum von Königthum, das man zu dieser Mischung hinzufügen will; die absolute oder gemässigte Erb- oder Wahl-Monarchie — nichts von all' diesem hat an und für sich etwas mit dem Liberalismus zu schaffen. Solche Regierungsformen können durchaus und vollkommen katholisch sein, wenn sie nur die Oberherrlichkeit Gottes über die eigene Herrschaft zugeben, diese von ihm empfangen zu haben anerkennen, sich in ihrer Ausübung der unverbrüchlichen Richtschnur des christlichen Gesetzes unterwerfen, in ihren Parlamenten Alles, was kirchlich entschieden ist, für unantastbar hinstellen, und als Grundlage des öffentlichen Rechtes die moralische Oberhoheit der Kirche und ihr absolutes Recht in Allem, was ihrer Befugnis angehört, gelten lassen. Solche Regierungen sind wahrhaft katholisch; und sogar ein Ultramontanismus von den grössten Anforderungen kann ihnen nichts vorwerfen, weil sie eben wahrhaft ultramontan sind. Die Geschichte bietet uns wiederholt Beispiele von sehr mächtigen und zugleich sehr eifrig katholischen Republiken; so der aristokratische Freistaat Venedig, die kaufmännische Republik Genua und einige Kantone der Schweiz.

Als ein Beispiel gemischter, sehr katholischer Monarchien können wir unsere sehr glorreiche von Catalonien und Aragonien anführen, die im Mittelalter die am meisten demokratische und best katholische der Welt war, die alte von Castilien bis zum Hause Oesterreich, die Wahlmonarchie Polen bis zur ungerechten Theilung dieses tiefreligiösen Königsreiches. Es ist ein Vorurtheil zu glauben, dass die Monarchien schon an und für sich religiöser sein müssen als die Republiken. Gerade die skandalösesten Beispiele von Katholikenverfolgung in neuerer Zeit haben Monarchien, wie Russland und Preussen gegeben. Eine Regierung von jeder beliebigen Form ist katholisch, wenn ihre Verfassung, Gesetzgebung und Politik sich auf katholische Grundsätze gründen, liberal hingegen, wenn ihre Verfassung, Gesetzgebung und Politik sich auf rationalistische Grundsätze stützen. Nicht darin, dass in der Monarchie der König die Gesetze macht, oder in der Republik das Volk, oder in gemischten Regierungsformen beide zusammen, nicht darin besteht die wesentliche Natur einer Gesetzgebung oder Verfassung, wohl aber darin, dass Alles geschehe unter dem unveränderlichen Siegel des Glaubens und gemäss dem, was das christliche Gesetz den Staaten, wie den einzelnen Personen befiehlt. Gerade wie unter den Individuen ein König in seinem Purpur, ein Adeliger mit seinem Wappen und ein Taglöhner in seiner Arbeitsjacke gleicherweise katholisch sein können, ebenso können auch die Staaten katholisch sein, welche Stelle dieselben auch immer im synoptischen Gemälde der Regierungsformen einnehmen mögen. Folgerichtig hat liberal sein oder es nicht sein nichts zu schaffen, weder mit dem natürlichen Abscheu, den Jedermann an Willkür und Tyrannei verspürt, noch auch mit dem Verlangen nach bürgerlicher Gleichberechtigung aller Bürger, unbeschadet der kirchlichen Immunität, und noch viel weniger mit dem Geiste der Toleranz und Grossmuth, welche richtig aufgefasst nichts-Anderes als christliche Tugenden sind. Dessenungeachtet wird all' dieses in der Sprache gewisser Leute und Zeitungen als Liberalismus bezeichnet. Da haben wir also Etwas, was dem Anscheine nach Liberalismus ist, es aber doch in keiner Weise ist.

Umgekehrt gibt's Etwas, das, ohne es zu scheinen, dennoch in Wirklichkeit Liberalismus ist. Angenommen eine Regierung, absolute Monarchie, wie etwa Russland, oder eine Regierung, bestehend aus den heutigen sogenannten Conservativen, die conservativste, welche sich denken lässt, hätte ihre Verfassung und Gesetzgebung nicht auf Grundsätzen katholischen Rechtes, nicht auf den unerschütterlichen Felsen des Glaubens, nicht auf der strengen Beobachtung der Ehrfurcht vor den Rechten der Kirche gegründet und befestigt, sondern auf dem Grundsatze des freien Willens des Königs oder des freien Willens der conservativen Majorität . . . . . , eine solche Monarchie und eine so beschaffene conservative Regierung würden liberal und antikatholisch sein.

Ob der Freigeist ein Monarch mit seinen verantwortlichen Ministern, oder ob er ein verantwortlicher Minister mit seinen gesetzgebenden Körpern sei, das läuft bezüglich der Wirkung auf dasselbe hinaus. In beiden Fällen haben wir eine vom freidenkerischen Geiste eingegebene und folglich liberale Politik. Ob nun die Regierung die Presse für ihre Absichten in Fesseln schmiede oder nicht, das Volk wegen Kleinigkeiten züchtige, auf den Unterthanen mit eiserner Ruthe laste: jenes unglückliche Land kann nicht frei, jedoch wird es vollkommen liberal sein. Dieser Art waren die alten asiatischen Reiche; derart sind verschiedene moderne Monarchien; von der Art ist das heutige deutsche Reich, wie es sich Bismark träumt; von der Art ist das gegenwärtige spanische Königreich, dessen Verfassung den Monarchen unverletzlich erklärt, aber nicht den Herrgott. Da hast du nun Etwas, das dem Anscheine nach nicht Liberalismus ist, in Wirklichkeit es aber dennoch ist, und zwar ein um so mehr raffinirter und verderblicher, als er nicht dessen äussere Gesichtsbildung an sich trägt.

Daraus kann man also ersehen, mit welcher Vorsicht man vorzugehen hat, wenn es sich um solche Fragen handelt. Vor Allem muss man die Ausdrücke des Streites genau definiren und das doppelsinnige vermeiden, welches nur den Irrthum mehr begünstigt.

13.

Erläuternde Anmerkungen zu der im vorhergehenden Kapitel dargelegten Lehre.

Wir haben gesagt, dass an und für sich die demokratischen oder volksthümlichen, die reinen oder gemischten Formen nicht liberal sind, und wir glauben dies zur Genüge bewiesen zu haben. Dessenungeachtet ist oft das, was speculativ zu reden, oder *in abstracto*, eine Wahrheit ist, es noch lange nicht *in praxi* oder in der Ordnung der Handlungen, worauf hauptsächlich der katholische Publicist ein aufmerksames Auge haben muss.

In der That! Obschon solche Regierungsformen in sich selbst betrachtet nicht liberal sind, so sind sie es dennoch in unserem Jahrhundert, da die moderne Revolution, die nichts Anderes ist, als der Liberalismus in Thätigkeit, dieselben uns nur auf irrigen Lehren gegründet erscheinen lässt. Dies ist eben der Grund, warum das Volk, das wenig von seinen Unterscheidungen versteht, sehr verständig Alles mit Liberalismus bezeichnet, was sich ihm in unsern Tagen als demokratische Reform in der Regierung der Nationen darstellt; weil sie, wenn auch nicht durch das natürliche Wesen der Ideen, es doch *der That nach* ist. Deswegen dachten unsere Väter sehr einsichtsvoll und zutreffend, als sie die constitutionelle oder repräsentative Form als ihrem Glauben zuwider verwarfen und die reine Monarchie vorzogen, welche in den letzten Jahrhunderten die Regierungsform Spaniens war. Denn ein gewisses natürliches Gefühl sagte auch denen von geringerer Einsicht, dass die neuen, politischen Formen angesteckt seien vom häretischen liberalen Princip; weshalb sie sehr gut daran thaten, dieselben liberal zu nennen. Ebenso galt ihnen die reine Monarchie, die an und für sich sehr gottlos und häretisch sein kann, als wesentlich katholische Form, eben weil seit vielen Jahrhunderten die Völker selbe als vom Geiste des Katholicismus beseelt erkannten.

Also irrte, ideologisch d. h. vom Standpunkte der Idee gesprochen, unsere Königspartei, welche die Religion mit der alten politischen Regierung identificirte und die Constitutionalen für gottlos hielt; urtheilte jedoch, praktisch d. h. vom Standpunkt der Thatsachen gesprochen, ganz richtig, weil in jenem, was man als reine politische indifferente Form darstellen wollte, sie mit dem sich klarbewussten Gefühle des Glaubens die liberale Idee wie im Verstecke oder Hinterhalte verborgen wahrnahm. Dies geschah den Koriphäen und Sectirern der liberalen Partei zum Trotz, die ihr Möglichstes thaten mit Lästerungen und Frevelthaten, damit das wahrheitsliebende Volk ja nicht die eigentliche Bedeutung ihrer verrätherischen Fahne erkännte.

Streng genommen ist es ebenso ungenau, wenn man sagt, dass die politischen Formen für die Religion gleichgültig seien, mag auch diese sich mit allen vertragen. Der gesunde Philosoph studirt und analysirt sie alle, und ohne irgend eine davon zu verurtheilen, unterlässt er dennoch nicht, den Vorzug derjenigen zuzuerkennen, welche das Princip der Autorität, die vorzüglichste Grundlage der Einheit, am meisten unversehrt bewahrt. Daraus ergibt sich, dass die vollkommenste Form von allen die Monarchie ist, als diejenige Form, welche der Regierung Gottes und der Kirche am meisten ähnlich ist. Umgekehrt wird die Republik die unvollkommenste sein. Die Monarchie verlangt die Tüchtigkeit eines einzigen Mannes, die Republik aber die Tüchtigkeit der Mehrzahl der Bürger. Folgerichtig ist der ideale Republikaner nicht so vernünftig wie der ideale Monarchist. Dieser ist menschlicher als jener, weil er weniger menschliche Vollkommenheiten fordert und sich mehr dem eher ungebildeten und fehlerhaften Zustande der Mehrheit anpasst.

Der gewichtigste Grund aber, gegen die Regierungen volksthümlicher Form eingenommen zu sein, muss für den Katholiken die unermüdliche Geschäftigkeit sein, mit der die Freimaurerei überall sie zu verpflanzen gesucht hat. Mit wunderbar klarer Erkenntnis hat die Hölle erkannt, dass diese Systeme die besten Leiter ihrer Elektricität seien, und dass Niemand ihr mehr zu Gefallen dienen könne. Es unterliegt daher keinem Zweifel, dass einem

Katholiken Alles, was die Revolution ihm in diesem Sinne predigt, als ihren Absichten dienend, verdächtig vorkommen müsse; und dass er dashalb gut daran thut, Alles, was die Revolution mit dem Namen Liberalismus liebkoset und verkündet, als etwas zu betrachten, das Wasser auf das revolutionäre Mühlrad leitet, mag es sich auch um blosse Formen handeln. Denn diese Formen sind in diesem Falle nur die äussere Umhüllung, womit man der Schmuggelwaare des Satans in deinem Hause Eingang und Absatz verschaffen will.

14.

Ist es nun dem guten Katholiken erlaubt oder nicht, das Wort „Liberalismus" im guten Sinne anzunehmen und ebenso sich im guten Sinne zu rühmen „liberal" zu sein?

Bewahre uns Gott, mein Freund, vor diesen Schlagwörtern „Liberalismus und liberal!" Du bist wirklich in dieselben sterblich verliebt und die Liebe macht dich wie alle Verliebten blind. Welche schlimmen Folgen bringt deren Gebrauch? So viele bringt er, dass ich darin schliesslich sogar Anlass zur Sünde sehe. Sei ohne Angst, sondern hör' mich mit Geduld an; bald wirst du mich ohne Schwierigkeit verstehen. Es unterliegt keinem Zweifel, dass das Wort Liberalismus in Europa im gegenwärtigen Jahrhundert etwas Verdächtiges bedeutet, was mit dem wahren Katholicismus nicht ganz übereinstimmt. Du kannst mir nicht sagen, dass ich die Frage in übertriebenen Ausdrücken darlege. In der That musst du mir zugeben, dass in der gewöhnlichen Auffassung des Wortes „Liberalismus und katholischer Liberalismus" Begriffe sind, welche Pius IX. verworfen hat. Sehen wir nun für einen Augenblick von den Wenigen oder Vielen ab, welche behaupten sich noch immer zu einem gewissen Liberalismus bekennen zu können, welcher im Grunde genommen kein solcher sei. So viel ist jedoch gewiss, dass die liberale Strömung in Europa und in Amerika im 19. Jahrhundert, in welchem wir schreiben, antikatholisch und rationalistisch ist. Halten wir Rundschau in der Welt. Sieh' nach, was liberale Partei bedeute in Belgien, in Frankreich, in Deutschland, in England, in Holland, in Oesterreich, in Italien, in den spanisch-amerikanischen

Republiken und in den neunzehn Provinzen der spanischen Halbinsel. Befrage sie alle, was im gewöhnlichen Sprachgebrauch liberale Richtschnur, liberale Strömung, liberale Atmosphäre u. s. w. bedeute; und gib Acht, ob von so vielen Männern, welche in Europa und in Amerika sich den socialen und politischen Studien widmen, unter hundert nicht neunundneunzig unter Liberalismus den nackten, rohen, auf die sociale Wissenschaft angewandten Rationalismus verstehen.

Nun gut! So sehr Du und einige Duzend Privatleute euch abmühet, jener Sache, welcher der allgemeine Lauf bereits den antikatholischen Stempel aufgedrückt hat, den Sinn von etwas Indifferentem zu geben, so viel ist gewiss, dass der Gebrauch, der unumschränkte Herr und die oberste Richtschnur in Sachen der Sprache, fortfährt, den Liberalismus als eine gegen den Katholicismus aufgepflanzte Fahne zu betrachten. Folglich kannst du, auch mit tausend Unterscheidungen, Subtilitäten und Sophistereien und mit allerlei Vorbehalt und Verwahrungen, bloss für dich allein einen Liberalismus bilden, welcher nichts gegen den Glauben enthält, in der Meinung der Meisten aber gehörst Du von dem Augenblick an, wo Du Dich liberal nennst, wie die Uebrigen zur grossen Familie des europäischen Liberalismus, wie ihn alle verstehen. Deine Zeitung, wenn Du deren Redactor bist und selbe liberal nennst, wird in den Augen aller ein Soldat mehr in den Reihen derjenigen sein, welche unter dieser Parole in der Front oder Flanke die katholische Kirche bekämpfen. Umsonst wirst Du Dich hie und da entschuldigen und von Anschuldigungen reinigen. Solche Entschuldigungen und Aufklärungen über Deinen Standpunkt kannst Du nicht alle Tage geben, was allzu lästig und mühsam wäre, wo Du das Wort liberal in jedem Abschnitt, fast in jeder Zeile gebrauchen musst; und so wirst Du in der allgemeinen Meinung dessenungeachtet nur ein Streiter sein wie so viele andere, welche unter diesem Losungsworte Kriegsdienste leisten; und magst Du auch in deinem Herzen so katholisch sein wie der Papst (wie einige Liberale zu sein behaupten), soviel ist gewiss, dass Du auf die Bewegung der Ideen, auf den Lauf der Ereignisse nicht als Katholik, sondern als Liberaler einen Einfluss ausübest, und Dir zum Hohne wirst du ein Trabant sein, der sich nicht anders, als in der Laufbahn des Liberalismus bewegen kann. Und all' dieses wegen eines Wortes! Beachte wohl, blos wegen eines Wortes! Ja, mein Freund, dies wirst Du gewinnen, indem Du Dich liberal nennest und Deine Zeitung liberal betitelst.

Reisse Dich aus dem Wahne heraus. Der Gebrauch des Wortes macht Dich fast immer und grösstentheils solidarisch haftbar für Alles, was es unter seinem Schatten birgt. Und was sich im Schatten jenes Wortes birgt, ist eben das rationalistische Element, wie Du selber siehst und nicht leugnen kannst. Ich also würde mir Gewissensskrupel machen, diese Verbindung mit den Feinden Jesu Christi einzugehen.

Gehen wir zu einem andern Grunde über. Es ist ebenso unbezweifelt, dass in der Zahl derjenigen, welche Deine Zeitungen lesen und Deine Unterhaltungen hören, wenige in der Lage sind, so fein wie Du spinnen zu können in Betreff der Unterscheidungen zwischen Liberalismus und Liberalismus. Also ist es klar, dass ein grosser Theil das Wort im allgemein gebräuchlichen Sinne nehmen und glauben werde, dass auch Du dasselbe so gebrauchest. Gewiss wirst Du nicht diese Absicht haben, aber gegen Deine Absichten wirst Du diesen Erfolg haben, dem rationalistischen Irrthume Anhänger zu gewinnen. Nun so sag' mir denn, weisst Du was Aergerniss ist ? Weisst Du was es heisst, den Nächsten in den Irrthum zu führen mit zweideutigen Worten? Weisst Du was es heisst, durch die mehr oder weniger gerechtfertigte Vorliebe für ein Wort Zweifel, Misstrauen, Argwohn zu säen, die einfältigen, arglosen Seelen im Glauben wankend zu machen? Ich als katholischer Moralist erblicke darin eine Materie der Sünde, und wenn Dich nicht das Bewusstsein, ganz und gar im guten Glauben gehandelt zu haben, oder ein anderer mildernder Umstand entschuldigt, sogar Materie einer Todsünde. Hör' mal einen Vergleich. Wie Du weisst ist in unsern Tagen eine Sekte entstanden, welche sich die der Altkatholiken nennt. Sie hatte nun einmal die Grille sich so zu nennen, so sei es in Gottes Namen. Stelle Dir nun vor, ich, der ich durch die Gnade Gottes, wenn auch Sünder, so doch katholisch bin und zwar zudem einer der Aeltesten, weil mein Katholicismus vom Kalvarienberge und vom Cönaculum in Jerusalem herdatirt, welches sehr alte Daten sind, — stelle Dir also nun vor, ich würde eine mehr oder weniger zweideutige Zeitung gründen und obenan mit grossen Lettern den Titel. „Altkatholisches Tagblatt", setzen. Würde ich lügen? Nein, denn ich bin altkatholisch im guten Sinne des Wortes. Aber warum, wirst Du mir sagen, einen Titel annehmen, der übel berüchtigt und das Losungswort eines Schisma, einer Ketzerei ist? Einen Titel, der den Unvorsichtigen Anlass gibt, mich für einen Schismatiker zu halten, der den Altkatholiken in Deutschland eine eitle Freude

verursacht, in der Meinung, sie hätten hier einen neuen Mitbruder
gewonnen? Warum, wirst Du sagen, den Einfältigen Aergernis
geben? — Aber ich sage es im guten Sinne. — Schönen Dank,
mein Freund, ich geb es gerne zu; wäre es aber nicht weit besser
zu vermeiden, dass Andere glauben, Du sagest es im schlimmen
Sinne?

„Ebendasselbe würde ich demjenigen sagen, welcher sich dennoch
abmühen wollte, den **Namen** „liberal" als etwas Ungefährliches,
Unschuldiges aufrecht zu halten, einen Namen, welcher der **Gegen-**
stand so vieler Verdammungsurtheile von Seite des Papstes, und
so vieler Aergernisse von **Seite** der anfrichtigen Gläubigen ist. Warum
sich mit Titeln **schmücken**, welche Aufklärungen erheischen? **Warum**
Verdacht **erregen**, wo man sich beeilen sollte, ihn zu zerstreuen?
Warum sich zu der Zahl der Feinde rechnen, mit ihrem Losungsworte gross thun, wenn Du eigentlich auf Seite der Freunde stehst?
Warum und wozu?

Du sagst, dass die Worte kein so grosses Gewicht hätten.
Aber mein Freund, sie haben bei weitem mehr als Du glaubst. Die
Worte bilden die äussere Physiognomie der Ideen und Du weisst,
wie wichtig **manchmal** bei einer Sache eine **gute** oder **üble Physio-**
gnomie ist. Wenn die Worte **kein Gewicht** hätten, dann würden
die **Revolutionäre** nicht so besorgt sein, den Katholicismus **mit**
wüsten, hässlichen Wörtern zu überhäufen; sie würden ihn nicht
beständig **zu allen Stunden** Obscurantismus, Verdummung, Fanatis-
mus, Theokratie, Pfaffenherrschaft, **Reaction nennen**, sondern einfach
und schlechtweg **Katholicismus**; noch auch **würden sie sich** allzeit
mit ihren pomphaften **Wörtern von Freiheit, Fortschritt, Geist** des
Jahrhunderts, **neues Recht,** Errungenschaften des Geistes, **Civilisation,**
Freisinn u. s. w. **brüsten,** sondern **stets sich bei** ihrem wahren und
eigentlichen Namen „**Revolution**" nennen.

Dies ist eine **alte** Geschichte. **Alle Ketzereien begannen** mit
einer **Wortspielerei** und **endeten mit einem** blutigen **Kampf** der
Ideen. Solches musste schon **zur Zeit des hl.** Paulus vorgekommen
sein, oder der hl. **Völkerapostel** sah voraus, dass **so etwas** in der
Folgezeit geschehen würde, **wenn** er **sich an** Timotheus (I. ad
Timoth. VI, 20) wendet und ihn ermahnt, auf der Hut zu sein,
nicht **nur gegen die** Streitreden der **fälschlich** sogenannten **Wissen-**
schaft, *oppositiones falsi nominis scientiae,* sondern **auch** gegen die
einfachen Neuerungen im **Ausdrucke** oder Worte, *profanas vocum
novitates.* Was **würde heute der grosse** Völkerlehrer **sagen,** wenn er

gewisse Katholiken sich mit dem hübschen Eigenschaftswort „liberal“ schmücken sähe, im Gegensatze zu jenen, welche sich schlechtweg beim alten Familiennamen nennen, und sähe, wie sie gegenüber den wiederholten Verdammungsurtheilen, welche der apostolische Lehrstuhl über diese „unheilige Wortneuerung“ so nachdrücklich gefällt hat, so gleichgültig wie Zaunpfähle sich verhalten? Was würde er sagen, wenn er sähe, wie sie zu dem unveränderlichen Worte Katholicismus, dieses hässliche Anhängsel hinzufügen, welches weder Jesus Christus, noch die Apostel, noch auch die Väter und Kirchenlehrer, noch endlich einer jener angesehenen Lehrer kannten, welche die herrliche Kette der christlichen Ueberlieferung bilden?

Erwäg' es wohl, mein Freund, in Deinen lichten Augenblicken falls Deine blinde Leidenschaft Dir solche gewährt und Du wirst den Ernst und die Wichtigkeit dessen erkennen, was Dir auf den ersten Blick eine blosse Wortfrage scheint. Nein, du kannst nicht katholisch-liberal sein, Du kannst nicht diesen verworfenen, verurtheilten Namen gebrauchen und wärest Du auch mittelst subtiler Trugschlüsse und Kniffe im Stande ein Geheimmittel aufzufinden, denselben mit der Unversehrtheit des Glaubens zu vereinen. Nein! Es verbietet Dir dieses die christliche Liebe, jene heilige Nächstenliebe, welche Du stündlich anrufest und welche vielleicht nach Deiner Auffassung gleichbedeutend ist mit der revolutionären Toleranz. Es verbietet Dir dasselbe die Liebe, weil ihre erste Bedingung ist, dass Du keinen Verrath an der Wahrheit begehest und den guten Glauben Deiner minder vorsichtigen Brüder nicht irre machest und zum Falle bringest. Nein, mein Freund, nein; Du kannst Dich nicht liberal nennen. —

Es ist nicht nöthig, weiter über diesen Punkt hier ein Wort zu verlieren, da er für einen redlichen aufrichtigen Mann vollständig gelöst sein dürfte. Uebrigens gebrauchen heutzutage die Liberalen selber schon weniger als früher diese Benennung; so abgenutzt, verrufen und anrüchig ist dieselbe, Dank der Barmherzigkeit Gottes geworden. Viel öfters findet man indessen Leute, welchen, obwohl sie den Liberalismus täglich, ja stündlich verleugnen, derselbe dennoch so in Fleisch und Blut übergegangen ist, dass sie weder zu schreiben, noch zu reden, noch auch etwas zu thun wissen, ohne von demselben dazu Antrieb und Eingebung erhalten zu haben. Und diese sind immer am meisten zu fürchten.

15

Eine höchst einfache Bemerkung, welche endlich die Frage unter ihren eigentlichen Gesichtspunkt bringen wird.

Tausendmal hab' ich bei mir über etwas nachgedacht, und ich begreife nicht, dass dasselbe nicht täglich den Liberalen, die es *bona fide* (in gutem Glauben) sind, in den Sinn kommt; falls es noch deren gibt, welche diese liebevolle Abschwächung ihrer hässlichen Bezeichnung verdienen. Es ist nämlich folgender Gedanke: Die katholische Welt fasst heute allenthalben die Bezeichnung Freigeist oder Freidenker richtig und zutreffend als Gottlosigkeit auf, mag diese Bezeichnung sich auf irgend eine Person, Zeitung oder Einrichtung beziehen. Academie der Freidenker, Gesellschaft der Freidenker, Zeitung, welche vom Geiste der Freidenkerei beherrscht ist, — all' dieses sind Ausdrücke, welche noch immer dem grösseren Theil unserer Brüder Schauder und Haarsträuben erregen, sogar solchen, die der sogenannten spröden ultramontanen Unduldsamkeit abhold sind. Und trotzdem beobachte man den Lauf der Dinge und welche thörichte Wichtigkeit man gewöhnlich blossen Worten beimisst. Eine Person, ein Verein, ein Buch oder eine Regierung, denen die katholische Kirche nicht die einzige und ausschliessliche Richtschnur in Sachen des Glaubens und der Sitten ist, sind liberal. Und man weiss, dass sie es sind und sie rechnen es sich zur Ehre an und Niemand nimmt daran Aergernis, ausgenommen wir spröden Unduldsamen. Nun aber vertauschet das Wort, nennt sie Freidenker, Freigeister: sogleich weisen sie entrüstet das Epitheton als eine Beleidigung zurück und wir müssen froh sein, wenn sie keine Genugthuung für die Beschimpfung von uns fordern. Aber warum dieses, meine Freunde, *cur tam varie?* (Warum so verschieden?) Habt ihr nicht das absolute Veto der Kirche von euerem Gewissen, von eurer Regierung, von eurer Zeitung oder Schule abgewiesen? Habt ihr etwa nicht die freie Vernunft zur höchsten Richtschnurr euerer Ideen und Urtheile erhoben?

Ja, ihr habt Recht: ihr seid liberal und Niemand kann euch diesen Ehrentitel verweigern. Wisset jedoch: ihr seid zugleich Freidenker, Freigeister, so sehr auch diese Benennung die Schamröthe euch ins Gesicht treibt. Jeder Anhänger des Liberalismus. wessen Grades oder Farbe er sei, ist *ipso facto* (eben deswegen schon) ein

Freigeist. Und jeder Freigeist, so gehässig und die gesellschaftlichen Convenienzen verletzend diese Bezeichnung sein mag, hört nicht auf ein consequenter Liberaler zu sein. Es ist dies eine bestimmte, mathematisch exacte und wie man zu sagen pflegt, bis aufs letzte Tüpfelchen genaue Folgerung.

Nutzanwendungen. Du bist ein mehr oder minder nachgiebiger Katholik und gehörest, zur Strafe deiner Sünden, einem liberalen Athenäum oder Bildungsvereine an. Geh' in Dich einen Augenblick, überlege und frage Dich: Wolltest Du noch immer diesem Bildungsvereine angehören, wenn er morgen sich öffentlich frank und frei als freidenkerisches Athenäum erklären würde? Was rathen Dir Gewissen und Schamgefühl? Was nicht? Lass also deinen Namen aus der Liste des Vereines streichen, weil Du als Katholik demselben nicht angehören kannst.

Du haltest ein Blatt oder eine Zeitschrift, Du lesest dieselben und gibst sie auch den Deinen zum lesen und das ohne Gewissensangst, obschon dieses Blatt oder diese Zeitschrift dem Titel und Inhalte nach liberal ist. Wolltest Du dieselben noch immer abonniren wenn eines Tages urplötzlich auf der ersten Seite der Titel „Organ der Freidenker" zu lesen wäre? Ich glaube nicht. Also verschliesse dieser Zeitschrift oder Zeitung Dein Haus; denn ein solches liberales Blatt, mild oder leidenschaftlich, war vor wenigen Jahren nichts mehr und nichts weniger als freidenkerisch.

Von wie vielen Vorurtheilen würden wir uns befreien, gäben wir ein bischen Acht auf die Bedeutung der Worte. Jeder Verein, ob wissentschaftlich, literarisch oder philanthropisch, nach liberalen Grundsätzen gegründet, ist ein freidenkerischer Verein. Jede Regierung, nach liberalen Grundsätzen organisirt, ist eine freigeisterische Regierung. Aus jedem Buche oder Zeitungsblatte nach liberalen Grundsätzen geschrieben, weht der Geist der Freidenkerei. Vor dem Worte Abscheu haben und nicht auch zugleich vor dem durch dasselbe bezeichneten Ding, ist offenbare Verblendung. Das mögen sich so viele unserer Brüder wohl überlegen, welche ohne Skrupel ihres entweder verhärteten oder allzu nachgiebigen und willfährigen Gewissens Theil nehmen an Vereinen, Zirkeln, Wettstreiten, Redactionen, Regierungen u. s. w., welche in gänzlicher Unabhängigkeit vom Lehramte der Kirche stehen. Denn all' dieses trägt den Stempel des Liberalismus und ebendeswegen auch den der Freigeisterei. Nun kann aber kein Katholik einer Verbindung von Freigeistern angehören, ohne aufzuhören katholisch zu sein, sobald er nur das freidenkerische Programm besagter Verbindung als da seinige anerkennt. Also kannst du auch nicht einer liberalen Verbindung angehören. Wie viele Katholiken aber dienen dessen ungeachtet sehr vortrefflich dem Teufel in Werken dieser Art! Werden sie nun einmal zur Ueberzeugung kommen, welche Verkehrtheit und welches Verderben im Liberalismus liegt und wie begründet der Abscheu ist, welchen ein braver Katholik vor allen liberalen Sachen fühlt und wie gerechtfertigt und natürlich unsere schroffe, spröde ultramontane Unduldsamkeit ist?

16.

Ist beim Liberalismus ein Irrthum in gutem Glauben, in redlicher Meinung möglich?

Ich habe oben von Liberalen geredet, die es *bona fide* oder in gutem Glauben sind, und ich habe mir einen gelinden Zweifel erlaubt, ob es irgend einen Typus dieser höchst seltenen Familie im Naturreiche gebe oder nicht. Wir sind geneigt zu glauben, dass es deren wenige gebe und dass heut zu Tage beim Liberalismus „die redliche Meinung“, welche ihn irgend wie entschuldigen könnte, kaum zulässig ist. Ich will nicht in Abrede stellen, dass es hie und da einen Ausnahmsfall geben kann; das ist jedoch ein wirklich ausserordentlicher Fall.

In allen geschichtlichen Perioden, die von irgend einer Ketzerei beherrscht waren, hat es wiederholte Fälle gegeben, wo irgend eine Person oder auch mehrere, ohne es zu wollen, fortgerissen gewissermassen von den reissenden Fluthen des Zeitstromes, an der Ketzerei sich betheiligten, ohne dass man sich eine solche Theilnahme anders als durch eine sehr grosse Unwissenheit oder durch eine redliche, gute Meinung erklären könnte.

Und dennoch müssen alle darin übereinstimmen, dass kaum je ein Irrthum auftrat, der weniger in einen täuschenden Schein gehüllt war, als es der Liberalismus ist. Die meisten Häresien, welche das Feld der Kirche verwüsteten, trachteten sich in den Mantel einer erheuchelten Frömmigkeit zu kleiden, welcher ihren frevelhaften Ursprung zudecken sollte. Den Jansenisten, hiefür fähiger als irgend welche ihrer Vorfahren, gelang es, sich einen grossen Anhang zu

verschaffen; und beinahe hätte das blinde Volk ihnen die nur der
Heiligkeit schuldigen Ehren gezollt. Ihre Moral war strenge, ihre
Glaubenssätze erhaben, ihr äusseres Auftreten gleich dem der
Asceten und Gotterleuchteten. Ueberdies drehten sich die meisten
alten Irrlehren um sehr subtile und nur für den tüchtigen Theologen
unterscheidbare Punkte der Glaubenslehre, wovon das ungebildete
Volk für sich allein kein Verständniss hatte, sondern sich vertrauens-
voll der Richtung ihres zuständigen Hirten anschloss. Deshalb
war es natürlich, dass wenn der Oberhirte eines Sprengels oder
einer Provinz in einen Irrthum verfiel, auch die meisten seiner Untergebenen, welche zu ihren Hirten das grösste Zutrauen hatten, in die
Irre giengen, besonders in Zeiten, wo der Verkehr mit Rom
schwieriger und deswegen auch die unfehlbare Stimme des obersten
Hirten und Lehrers der ganzen christlichen Herde schwieriger zu
vermitteln war. Dies erklärt die Ausbreitung vieler alter Häresien, die
wir gern als rein theologische zu bezeichnen uns erlauben würden;
dies erklärt jenen Angstschrei des heiligen Hieronymus im 4. Jahrhundert, als er ausrief: *Ingemuit universus orbis se esse arianum*: es
seufzte verwundert der Erdkreis, dass er arianisch war. Dies macht
es uns auch begreiflich, wie in Mitten der grossen Spaltungen und
Irrlehren, wie sie jetzt in Russland und England noch bestehen, es
möglich ist, dass Gott viele mit ihm vereinigte Seelen habe, in
denen die Wurzel des wahren Glaubens noch nicht abgeschnitten
ist, mag es auch noch so sehr den gegentheiligen Anschein haben
und das äussere Bekenntnis noch so entstellt und fehlerhaft sein.
Und da solche Seelen durch die Taufe mit dem mystischen Leibe
der Kirche und durch die heiligmachende Gnade mit Jesus Christus
verbunden sind, so können sie mit uns des himmlischen Reiches
theilhaftig werden.

Ist dies ebenso beim Liberalismus der Fall? Er trat anfangs
verlarvt in der Verkleidung blosser politischer Formen auf; diese
aber war schon anfangs so durchsichtig, dass man sehr blind sein
musste, um nicht in dem vermummten Bösewicht seine ganze Ruchlosigkeit zu errathen. Er mochte sich nicht in der Larve der
Duckmäuserei und Frömmelei halten, in welche ihn manche seiner
Lobredner gehüllt hatten; alsbald durchbrach er überall die Hülle
wie ein Schmetterling, und kündete mit seinem unheimlichen Leuchten
seine höllische Abstammung an. Er raubte Kirchen und Klöster
aus, überfiel Ordensleute und Geistliche, liess jeder Art von Gottlosigkeit die Zügel schiessen; sogar gegen die ehrwürdigsten Bilder

entbrannte sein teuflischer Hass. Unter seine Fahne nahm er alsbald den ganzen Bodensatz der menschlichen Gesellschaft auf; das
berechnete Sittenverderbniss bereitete ihm als Vorläufer den Weg
und verschaffte ihm überall Herberge und Quartier.

Es waren keine abstracte, metaphysischen Glaubenslehrsätze
jene neuen, die er an Stelle der alten predigte; es waren scheussliche Thaten, ruchlose, brutale Handlungen, wobei es genügte Augen
zu haben, um sie zu sehen, und einen einfachen gesunden Sinn, um
sie zu verabscheuen. Bei dieser Gelegenheit beobachtete man eine
grosse Erscheinung, welche viel Stoff zu ernsten Betrachtungen
bietet. Das einfältige und ungebildete, jedoch ehrliche Volk wider-
setzte sich am meisten dem neuen Irrthum; während Männer von
hoher Begabung, jedoch verdorben durch den Rationalismus, sich
zuerst verführen liessen. Der gute natürliche Sinn des Volkes ver-
urtheilte bald die verwegenen Neuerer; und hierin, wie in andern
Dingen zeigte es sich, dass nicht die Männer von scharfem Ver-
stande, wohl aber die von reinem und ungetrübtem Herzen einen
klaren Blick haben. Wenn man aber so viel vom Liberalismus in
seiner ersten Morgendämmerung sagen konnte, was lässt sich dann
erst heute von ihm sagen, wo so viel Licht sich über seinen
schmählichen Verlauf verbreitet hat? Noch keinen Irrthum trafen
so strenge Verdammungsurtheile von der Erfahrung, der Geschichte
und der Kirche; und wer nicht an diese letzte als guter Katholik
glauben will, muss sich doch als Mann von natürlicher Recht-
schaffenheit von jenen beiden andern überzeugen lassen.

Der Liberalismus hat in weniger denn hundert Jahren seiner
Herrschaft in Europa schon alle Früchte gezeitigt, welche er her-
vorbringen konnte; das jetzige Geschlecht ist im Begriffe die
letzten davon einzuheimsen; es spürt schon den herben Nachge-
schmack der früheren im Gaumen und hat sich auch gründlich den
Magen damit verdorben. Das Wort des göttlichen Heilandes, welches
uns lehrt den Baum nach seinen Früchten zu beurtheilen, findet
selten eine so zutreffende Anwendung.

Hatte man anderseits nicht sogleich von Anfang die Ansicht
der Kirche über die neue gesellschaftliche Reform deutlich vor
Augen? Einige unselige Diener derselben wurden durch den
Liberalismus zum Abfalle vom Glauben fortgerissen; dies war der
erste Anhaltspunkt, wonach die einfachen Gläubigen eine Lehre
beurtheilen mussten, welche solche Anhänger dem Schoosse der gemeinsamen Mutter entriss. Uebrigens wann hat man nicht, und

zwar mit vollem Rechte die ganze Hierarchie für eine Feindin des Liberalismus betrachtet? Was bedeutet das Losungswort „Klerikalismus", womit diejenigen, welche den liberalen Lehren Feind sind, von den Liberalen beehrt wurden, wenn nicht das offene Geständniss, die offene Erklärung, dass die lehrende Kirche sich niemals mit ihnen vertrage? Für was hält man den Papst? Für was die Bischöfe und die Priester? Für was die Ordensleute jeder Ordensregel? Für was alle Personen von aufrichtiger Frömmigkeit und Sittenreinheit? Stets hat man alle für klerikal. d. h. für antiliberal gehalten. Wie kann es also eine „bona fides" einen guten Glauben eine gute, redliche, aufrichtige Meinung bei einem Vorgehen geben, mit welchem der Papst, die Bischöfe und Priester, alle Ordensgenossenschaften, kurz alle Rechtgläubigen so deutlich im Widerspruche stehen, das also blos den erlogenen Schein der Rechtgläubigkeit für sich haben kann? So können diejenigen, welche eine klare Auffassung der Frage sich erworben haben, deren innere Gründe sehen: die aber, welche dieselbe nicht begreifen, haben im hinlänglichen Masse den äussern Grund der Auctorität, um sich ein vollständiges Urtheil zu bilden, wie es ein guter Christ in allen Dingen, welche seinen Glauben berühren, sich bilden muss.

Wir glauben also, dass man, sehr wenige Ausnahmen abgerechnet, nur mit den grössten Anstrengungen einer sehr grossmüthigen Liebe bei einem Katholiken die *bona fides*, den guten Glauben, die redliche Meinung als Entschuldigung des Liberalismus annehmen kann, wenn man sich überhaupt an die richtigen Moralprincipien anlehnen will.

17.

Verschiedene Handlungen, wodurch ein Katholik, ohne liberal zu sein, Mitschuldiger des Liberalismus wird.

Es gibt mannigfache Handlungen, durch welche ein Katholik, auch ohne gerade liberal zu sein, sich zum Mitschuldigen des Liberalismus machen kann. Da haben wir einen noch nützlicheren und praktischeren Punkt, als der vorhergehende war, in Betreff dessen das Gewissen des gläubigen Christen in unsern Zeiten wohl unterrichtet und auf der Hut sein muss.

Es ist bekannt, dass es Sünden gibt, deren wir uns schuldig machen, nicht etwa, um uns so auszudrücken, durch eigentliches und directes Begehen derselben, sondern durch die blosse Mitschuld mit ihren Urhebern, indem man nämlich ihre Sünden lobt, ihnen zu sündigen befiehlt, sie dabei mit Rath oder That unterstützt, oder sie nicht daran hindert u. s. w.; und diese Mitschuld ist solcher Natur, dass sie oftmals an Schwere die direct begangene sündhafte Handlung übertrifft. Man kann also und muss auf die Sünde des Liberalismus anwenden, was über diesen Punkt die Lehrbücher der Moraltheologie lehren. Unsere Absicht ist es hier blos kurz die hauptsächlichsten Weisen anzudeuten, durch welche man heutzutage diese Mitschuld bezüglich des Liberalismus sich zuzuziehen pflegt. Diese zieht man sich zu:

1. Durch förmlichen Anschluss an eine liberale Partei. Dies ist die grösste Mitschuld, die es in dieser Beziehung geben kann, und sie unterscheidet sich kaum von der direkten Handlung, auf die sie sich bezieht. Es gibt Viele, welche in ihm mit klarer Besonnenheit abgewogenen Beurtheilung die ganze Falschheit des Liberalismus als Lehre sehen, dessen unheilvolle Unternehmungen und Pläne kennen, und seine schmähliche Geschichte verabscheuen. Aber sei es aus Familienüberlieferung, oder aus vererbtem Grolle, oder aus Hoffnung auf persönliche Vortheile, oder in Anbetracht empfangener Begünstigungen, oder sei es aus Furcht vor Nachtheilen, die etwa erfolgen könnten, oder aus irgend einem anderen Grunde, nehmen sie eine Stelle ein in der Partei, welche solche Lehren behauptet und solche Pläne schmiedet. Sie erlauben, dass man sie öffentlich unter die Parteigänger des Liberalismus zähle, sie machen sich eine Ehre daraus, als liberal zu gelten und leisten sogar Kriegsdienste unter der Fahne des Liberalismus. Diese Unseligen sind die ersten, die grössten Mitschuldigen an der ganzen Ruchlosigkeit und an den Missethaten ihrer Partei, wenn sie dieselben auch nicht im Einzelnen erkennen; sie sind ihre eigentlichen Helfershelfer und laden sich damit eine ungeheure Verantwortung auf. So haben wir in unserem Vaterlande *sehr brave* Männer, ausgezeichnete Familienväter, rechtschaffene Handelsleute oder Handwerker unter Parteien figuriren gesehen, auf deren Programm Vergewaltigungen und Räubereien stehen, welche keine menschliche Ehrlichkeit zu rechtfertigen im Stande

ist. Sie sind also verantwortlich vor Gott für diese Eingriffe, so gut wie die Partei, welche selbe begieng, gesetzt, dass diese, Partei sie nicht als zufällige **Thatsache** betrachte, sondern als ihre folgerichtige Verfahrungsweise. Die **Ehrlichkeit** solcher Leute dient nur dazu, diese Mitschuld zu erschweren. **Denn** es ist klar, dass **wenn** eine schlechte Partei, nur aus Schlechten zusammengesetzt wäre, man sie nicht sehr zu fürchten brauchte. Das Entsetzliche dabei ist der blendende und verführerische **Schein, den** einer schlechten Partei **die** verhältnismässig guten Personen **verleihen,** die durch ihren Anschluss **an dieselbe** ihr **zur** Ehre **gereichen** und zur Empfehlung dienen.

2. Aber auch ohne gerade ausdrücklich einer liberalen **Partei** anzugehören, ziehen sogar durch öffentliche Betheuerung **einer** solchen nicht anzugehören, ebenso **gut** Jene Mitschuld am Liberalismus zu, welche für denselben öffentlich ihre Zuneigung und Sympathie an den **Tag** legen, indem **sie die liberalen** Persönlichkeiten **loben, die** liberalen Blätter **vertheidigen oder** entschuldigen und an ihrem Jubel und Frohlocken **Theil nehmen.** Der Grund ist einleuchtend. Der Mann, vor allem wenn er **durch** sein Talent oder seine Stellung von etwelcher Bedeutung ist, trägt viel bei zur Förderung einer Idee, wenn er sich auch bloss in mehr oder minder wohlwollenden Beziehungen zu ihren Beschützern zeigt. Er leistet mehr mit dem Tribut seines persönlichen Rufes, als wenn er Geld oder Waffen oder was immer für eine andere materielle Unterstützung verabreichen würde. So z. B. begünstigt ein Katholik und insbesondere ein Priester, welcher eine liberale Zeitung mit seiner Mitwirkung beehrt, offenbar dieselbe mit dem blendenden Scheine seiner Unterschrift, mag er auch die schlechte Seite des Blattes nicht vertheidigen und damit nicht übereinstimmen. Vielleicht wird man sagen, dass man durch das Schreiben und Leitartikeln in solche Zeitungen bewirke, dass Viele die Stimme des Guten vernehmen, welche sonst in einer anderen Zeitung dieselbe nicht anhören würden. Es ist wahr; aber die Unterschrift des rechtschaffenen Mannes dient dazu, dass ein solches Blatt in den Augen der Leser, welche nicht fähig sind die Lehren des Redakteurs von denen seines Genossen und Mitarbeiters zu unterscheiden, gerechtfertigt ist; und so gereicht das, was vorgeblich ein Gegengewicht gegen das Uebel sein sollte, demselben umgekehrt bei der Menge zur wirksamsten Empfehlung. Tausendmal haben wir es gehört: „Wie? Jene Zeitung sollte schlecht sein? Was Du nicht sagst! Es ist rein unmöglich,

da ja der hochwürdige Herr N. N. an dieselbe schreibt." Solche Schlüsse macht das Volk und Volk sind wir beinahe die Gesammtheit des Menschengeschlechtes. Zum Unglück ist diese Mitschuld in unseren Tagen sehr häufig.

3. Begeht man eine eigentliche Mitschuld, indem man den liberalen Wahlkandidaten seine Stimme gibt, wenn man auch nicht für dieselben als solchen stimmt, sondern wegen ihren ökonomischen oder administrativen Ansichten. So sehr auch ein solcher Abgeordneter in dergleichen Fragen sich nach dem Katholicismus richten mag, so ist doch einleuchtend, dass er in den übrigen nach seinen häretischen Grundsätzen sprechen und stimmen muss; und darum macht sich derjenige zum Mitschuldigen seiner Häresien, welcher ihm dazu verholfen hatte hiedurch ein Sämann des Aergernisses und der Zwietracht im Lande zu sein.

4. Mitschuld trägt, wer Abonnent eines liberalen Blattes ist oder dasselbe in einem guten Blatte empfiehlt oder aus falscher Höflichkeit sein Bedauern ausdrückt, wenn es eingeht. Der Abonnent einer liberalen Zeitung gibt Geld, um den Liberalismus Vorschub zu leisten, und gibt zudem noch Anlass, dass irgend ein Unvorsichtiger sich entschliesst dieses Blatt zu lesen, wenn er sieht, dass sein Freund es hält; und endlich bietet er der Familie und den Freunden des Glaubens eine mehr oder weniger vergiftete Lektüre dar. Wie viele schlechte Zeitungsblätter müssten von ihrer verderblichen, verwünschten Propaganda abstehen, wenn nicht gewisse gutmüthige aber einfältige Leute dieselben durch ihr Abonnieren unterstützten! Ein Gleiches ist von jener unter Zeitungsschreibern üblichen Redensart zu sagen: *„unser verehrter Collega,"* oder von jener, demselben *„zahlreiche Abonnenten"* zu wünschen, oder von der am meisten gebräuchlichen: *„wir bedauern den schmerzlichen Unfall unseres Collega"*; je nachdem es sich auf das erste Erscheinen oder das Eingehen eines liberalen Blattes Blattes bezieht. Diese Gevaterschaft darf nicht eintreten zwischen den Soldaten so entgegengesetzter Fahnen, wie es die unseres Herrgott und die des Satans sind. Beim Eingehen eines dieser Blätter muss man Gott Dank sagen, dass ein Feind weniger sei; bei der Ankündigung seines Erscheinens darf man dasselbe nicht begrüssen, sondern muss es wie ein Unglück beklagen.

5. Man trägt Mitschuld, wenn man liberale Zeitschriften oder Bücher besorgt, druckt, verkauft, vertheilt, ankündigt oder unter-

stützt, mag man es auch ebenso mit den guten machen, mag es auch blos aus Handwerk oder Gewerbe geschehen, mag es auch blos das materielle Mittel sein, sich seinen täglichen Unterhalt zu verschaffen

6. Mitschuld haben die Familienväter, die Gewissensräthe und Seelenführer, Directoren von Anstalten, Professoren und Lehrer, wenn sie, über dergleichen Dinge befragt, entweder schweigen oder einfach sie nicht erklären, wo sie verpflichtet sind, die Gewissen ihrer Untergebenen zu belehren.

7. Wir tragen bisweilen auch Mitschuld, wenn wir unsere gute Ueberzeugung verbergen und den Andern Veranlassung zum Verdachte geben, dass wir eine schlechte haben. Man darf nicht vergessen, dass es tausende von Fällen gibt, wo einem Christen die Verpflichtung obliegt, öffentliches Zeugnis von der Wahrheit abzulegen, auch ohne dazu ausdrücklich aufgefordert zu sein.

8. Man macht sich mitschuldig, wenn man Güter der Kirche oder der frommen Stiftungen kauft ohne die Genehmigung der Kirche, wenn auch die Obrigkeit dieselben in öffentlicher Versteigerung verkauft; es sei denn dass man sie kaufe, um sie ihrem rechtmässigen Eigenthümer zurückzuerstatten. Man trägt Mitschuld, wenn man kirchliche Abgaben ohne Erlaubnis des eigentlichen Herrn derselben ablöst und wäre es auch ein sehr gewinnreiches Geschäft. Mitschuldig ist wer bei solchen An- und Verkäufen als Agent vermittelt, die Ankündigungen der öffentlichen Versteigerung veröffentlicht den Unterhändler macht u. s. w. Alle diese Handlungen ziehen noch überdies die Verpflichtung der Zurückerstattung nach sich in dem Masse, als man bei der ungerechten Beraubung behülflich gewesen.

9. Man macht sich zum Mitschuldigen, wenn man für liberales Wesen und Treiben sein eigenes Haus hergibt, oder zu diesem Zweck vermiethet, wie z. B. für Casinos liberaler Vereine, Cirkel und Kränzchen, für confessionslose Schulen, Zusammenkünfte, Redaktionen liberaler Blätter und Zeitschriften u. s. w.

10. Man trägt Mitschuld, wenn man bürgerliche oder religiöse wegen offenbar liberalen oder revolutionären Acten gefeierte Feste mit begeht; solchen Festen geflissentlich beiwohnt; an sogenannten patriotischen Leichenbegängnissen theilnimmt, welche mehr revolutionäre Bedeutung als Trost für die Verstorbenen haben; Leichenreden zum Lobe offenbar liberaler Verstorbener hält; ihre Grabhügel mit Kränzen und Bändern schmückt u. s. w. Wie viele

Unvorsichtige sind schon aus diesen Ursachen in ihrem Glauben
wankend geworden!

Damit haben wir blos das angedeutet, was am häufigsten in
dieser Hinsicht vorkommt. Die Fälle, wodurch man sich zum Mitschuldigen macht, sind aber von unendlicher Mannigfaltigkeit, wie die
Acte des menschlichen Lebens, welche, weil unendlich, sich nicht
aufzählen lassen. Streng ist die Lehre, welche wir in einigen
Punkten dargelegt haben. Wenn jedoch die Moraltheologie, auf
andere Irrthümer und Vergehen angewendet, nicht trügt, sollte sie
dann vielleicht weniger auf den Irrthum Anwendung finden, welchen wir eben hier behandeln.

18.

Wie erkennt man es, ob ein Buch, eine Zeitung, oder irgend eine Person vom Liberalismus angesteckt sind.

Gibt es in dieser Mannigfaltigkeit, oder besser, in diesem Wirr-
war von Farben und Schattirungen, welche die buntscheckige Familie des Liberalismus aufweist, Zeichen oder charakteristische
Merkmale, wonach man leicht unterscheiden kann, wer liberal und
wer nicht liberal ist? Da haben wir eine andere, für den Katholiken unserer Tage sehr praktische Frage, welche auch der Moral-
theologe in der einen oder andern Weise häufig zu lösen hat.

Wir theilen deshalb die liberalen (Personen oder Schriften) in
drei Classen ein:

Radicale Liberale in des Wortes verwegenster Bedeutung.

Gemässigte Liberale.

Liberale im uneigentlichen Sinne, oder Solche, die blos einen
liberalen Anstrich haben.

Wir wollen eine semiphysiologische Beschreibung eines jeden
dieser Typen entwerfen. Es ist dies eine Studie, welche des In-
teressanten viel bieten dürfte.

Den radicalen Liberalen erkennt man sogleich, weil er sich keine
Mühe gibt, seine Bosheit zu verbergen oder zu leugnen. Er ist ein

erklärter Feind des Papstes, der Priester und aller Anhänger der Kirche; es genügt für ihn, dass etwas heilig oder geweiht ist, um seinen unverhaltenen, ungestümen Groll aufzuregen. Unter den verblendeten Blättern wählt er sich das gehässigste aus: er stimmt für die offenbar gottlosesten Vertreter, und nimmt von ihrem traurigen Systeme auch die letzten Folgerungen an. Er rühmt sich ohne irgend eine Religion zu leben, und kaum duldet er sie an seiner Frau und seinen Kindern. Gewöhnlich gehört er geheimen Secten an, und stirbt meistens ohne irgend welche Tröstung der heiligen Religion.

Der gemässigte Liberale ist gewöhnlich ebenso schlecht als der vorhergehende, trägt jedoch hinlänglich Sorge, es nicht zu scheinen. Die guten, gewählten Formen und gesellschaftlichen Convenienzen sind ihm Alles; ist dieser Punkt gesichert, dann schert er sich um das Uebrige nicht viel. Feuer an ein Kloster zu legen, dünkt ihm nichts Gutes; sich des Bodens des abgebrannten Klosters zu bemächtigen geht schon eher an. Dass ein unfläthiges Winkelblatt seine Gotteslästerungen in ungebundener und gebundener Rede oder mit Vignetten für zehn Kreuzer das Exemplar feil bietet, ist ihm eine Ausschreitung, die er verbieten würde und erhebt sogar Klage gegen die conservative Regierung, dass sie nicht dagegen einschreite: sobald aber ganz das Nämliche in gewählten Redewendungen gesagt wird, etwa in einem Buche von schöner Ausstattung oder in einem Drama mit wohlklingenden Versen, besonders wenn der Verfasser ein Mitglied der Akademie oder so etwas ist, dann ist alles Anstössige und Ungebührliche auf einmal verschwunden. Hört er von Clubs und Zusammenkünften reden, so überläuft es ihn kalt wie ein Fieberfrost; weil man dort, sagt er, die Massen verführe und die Fundamente der socialen Ordnung umstürze. Jedoch freisinnige Bildungsvereine kann man gestatten: wer sollte denn je die wissenschaftliche Erörterung aller socialen Probleme irgendwie hindern? Die Schule ohne Katechismus ist eine Beleidigung gegenüber dem katholischen Lande, welches dieselbe bezahlt, aber eine katholische Universität, d. h. mit völliger Unterwürfigkeit unter die Lehre der Kirche, die Richtschnur des Glaubens, muss man den Zeiten der Inquisition überlassen. Der gemässigte Liberale verabscheut den Papst nicht; blos munden ihm nicht gewisse Ansprüche der römischen Curie und gewisse Extreme des Ultramontanismus, welche nicht mehr zu den heutigen Ideen passen. Er liebt die Priester, vor allem die aufgeklärten, d. h. die, welche wie er moderne Ansichten hegen; in Bezug auf die Fanatiker und Reactionäre beobachtet er ein zurückhaltendes Benehmen, er meidet oder bemitleidet sie. Er geht zur Kirche, hin und wieder auch zu den heil. Sakramenten; aber sein Grundsatz ist, dass man in der Kirche als Christ leben müsse, ausser derselben aber schicklicher mit der Welt und dem Jahrhundert, in dem man geboren ist, und dass man nicht hartnäckig versuchen soll, gegen den Strom zu schwimmen. So segelt er zwischen zwei Fahrwassern und stirbt gewöhnlich mit dem Priester an der Seite, während seine Bibliothek voll verbotener Bücher ist.

Den Katholiken, der einfach einen liberalen Anstrich hat, erkennt man daran, dass er, obschon ein rechtschaffener Mann von werkthätig und aufrichtig religiösen Sitten, dennoch im Reden, Schreiben und Handeln den Anschein eines Anhängers des Liberalismus gewinnt. In seiner Art könnte man mit Mad. Sevigné sagen: Die Rose bin ich nicht, doch war ich in ihrer nächsten Nähe und empfieng von ihr etwelchen Wohlgeruch. Der Rechtschaffene mit einem liberalen Anstrich denkt, spricht, handelt wie ein eigentlicher Liberaler, ohne dass es der arme Tropf selber merkt. Seine Stärke ist die Liebe: dieser Mensch ist die Liebe selber. Wie verabscheut er die Uebertreibungen der ultramontanen Presse. Einen Menschen schlecht zu nennen, der schlechte Ideen verbreitet, scheint diesem sonderbaren Theologen eine Sünde gegen den heil. Geist. Für ihn gibt es nur verlorne Schafe. Man soll weder Widerstand leisten noch gegen den Gegner zu Felde ziehen; worauf man immer besorgt sein muss ist, die Gegner anzuziehen. „Das Böse mit dem Ueberfluss des Guten zu ersticken": dies ist sein Leibspruch, den er zufällig eines Tages in Balmes gelesen, das Einzige, was ihm von dem grossen katholischen Philosophen im Gedächtnis geblieben. Aus dem Evangelium führt er blos jene Stellen an, welche nach Honig und Zucker schmecken. Man könnte sagen, dass er die fürchterlichen Strafpredigten gegen die Pharisäer für Uebereilungen und für Mangel an Mässigung von Seite des göttlichen Heilandes halte, indess er selber dieselben dann sehr heftig gegen die reizbaren Ultramontanen anzuwenden versteht, welche mit ihren Uebertreibungen täglich die Sache der Religion, die ganz Friede und Liebe ist, auf's Spiel setzen. Gegen diese ist der gute Mann sauer und steif; gegen diese ist bitter sein Eifer, herb und ätzend wie Scheidewasser seine Polemik, und zu Angriffen seine Liebe geneigt. Auf ihn hat jener Ausruf des P. Felix in einer berühmten Rede Bezug, die er anlässlich der Anklagen gegen den grossten *Veuillot* hielt: „Meine Herren, lieben und achten wir sogar — unsere F r e u n d e !" Aber nein! Unser Held macht es anders: alle seine Schätze an Duldung und liberaler Liebe hat er blos für die geschwornen Feinde seines Glaubens auf Lager. Natürlich, es muss ja der Unglückliche dieselben an sich ziehen und gewinnen! Für heldenmüthigere Vertheidiger des Glaubens hingegen hat er blos Sarkasmus und Unduldsamkeit. Kurz: den Vortheil des „Frontangriffes" des hl. Ignatius in seinen geistlichen Uebungen hat der liberal angehauchte Katholik nie begriffen. Er kennt keine andere Kriegskunst als in die Flanken zu fallen, welche in Religionssachen gewöhnlich die bequemste ist, aber nicht die, welche am ehesten den Ausschlag gibt. Gern wollte er siegen, aber auf die Bedingung hin, den Feind nicht zu verwunden, noch ihm eine Kränkung oder Unwillen zu verursachen. Das Wort Krieg regt seine Nerven auf; mehr gefällt ihm die friedliche Besprechung. Er nimmt Partei für liberale Zirkel, wo man Reden hält und sich berathet, nicht etwa für die ultramontanen Vereine, wo von Glaubenslehren gesprochen und nur getadelt wird. In einem Worte: wenn man die radicalen und gemässigten Liberalen an ihren Früchten erkennt, so hat man hauptsächlich an seinen Zartgefühlen den zu erkennen, der einen liberalen Anstrich hat.

Nach diesen kaum im Umrisse gezeichneten Skizzen, die nicht an Zeichnungen, vielweniger an eigentliche vollendete Gemälde heranreichen, kann man unschwer auf den ersten Blick was immer für einen Typus der Familie in ihren verschiedenen Abarten erkennen. Fassen wir in wenige Worte die am meisten charakteristischen Züge ihrer Gesichtsbildung zusammen, so können wir sagen, dass der radicale Liberale seinen Liberalismus durch Brüllen, der gemässigt Liberale durch Reden, der arme in den Liberalismus eingetauchte Tropf hingegen durch Seufzen und Gewimmer bekunde.

Es sind alle schlechter, wie jener Gauner in der Fabel von seinem Vater und seiner Mutter sagte; aber den Ersten lähmt vielfach seine eigene Wuth; beim Dritten ist sein zwitterhaftes Wesen selbst unfruchtbar. Der Zweite ist der satanische Typus in hervorragender Weise. Er ist's, der in unseren Tagen eine wahre liberale Verheerung anrichtet.

19

Die hauptsächlichen Regeln der christlichen Klugheit, welche der gute Katholik in seinem Umgange mit Liberalen zu beobachten hat.

Dessen ungeachtet, lieber Leser, muss man im gegenwärtigen Jahrhundert mit radicalen und gemässigten Liberalen und mit Katholiken, die unglücklicherweise im liberalen Fahrwasser segeln, zusammenleben, wie man im vierten Jahrhundert mit Arianern, im fünften mit Pelagianern und im siebzehnten mit Jansenisten zusammenlebte. Es ist nicht möglich den Umgang mit ihnen zu vermeiden; denn überall stosst man auf dieselben, im geschäftlichen Verkehre, bei Unterhaltungen, Besuchen, sogar in der Kirche hin und wieder, ja sogar in der eigenen Familie. Wie hat sich also der brave Katholik in seinen Beziehungen mit solchen Pestkranken zu verhalten? Wie kann er dieser beständigen Gefahr der Ansteckung zuvorkommen und sie vermeiden, oder wenigstens vermindern?

Es ist sehr schwierig genaue Regeln für jeden einzelnen Fall anzugeben. Indess lassen sich sehr gut allgemeine Verhaltungsmassregeln verzeichnen, während das Concrete und Individuelle ihrer Anwendung der Klugheit jedes Einzelnen überlassen werden muss.

Vor Allem scheint es uns gut, drei Klassen von Beziehungen zu unterscheiden, welche man zwischen einem Katholiken und einem Liberalen, oder zwischen einem Katholiken und dem Liberalismus annehmen kann. Wir drücken uns so aus, weil man die Ideen im praktischen Leben nicht getrennt von den Personen betrachten kann, die sich zu ihnen bekennen und selbe vertheidigen und aufrechthalten. Der Liberalismus in Theorie ist ein reiner purer Verstandesbegriff; die liberalen Einrichtungen, Personen, Bücher und Zeitungsblätter sind der wirkliche und praktische Liberalismus. Also drei Classen von Beziehungen lassen sich zwischen einem Katholiken und dem Liberalismus annehmen:

1. Nothwendige Beziehungen
2. Nützliche Beziehungen.
3. Beziehungen der blossen Zuneigung oder des Vergnügens.

1. Nothwendige Beziehungen. Es sind dies jene Beziehungen, welche der eigene Stand oder die besondere Stellung eines Jeden unvermeidlich mit sich bringt. Der Art sind jene

Beziehungen, welche zwischen Vater und Kindern, Gatte und Gattin, Brüder und Schwestern, Obern und Untergebenen, Herren und Dienern, Lehrern und Schülern u. s. w. stattfinden müssen. Es ist klar, dass wenn ein braver Sohn das Unglück hat, dass sein Vater liberal ist, nicht deswegen ihn verlassen muss oder darf, noch die Gattin ihren Mann, noch auch der Bruder oder ein Verwandter ein anderes Familienglied verlassen darf, ausgenommen in Fällen, wo der Liberalismus solcher Verwandten so weit gienge, Handlungen zu verlangen, die der Religion wesentlich zuwiderlaufen, oder zum eigentlichen Abfalle von dieser zu verleiten, nicht etwa schon dann, wenn sie blos die Freiheit die Kirchenvorschriften zu erfüllen hindern, da ja bekanntlich die Kirche selbst zu denselben *sub gravi incommodo* (unter grossen Unzukömmlichkeiten) nicht verpflichten will.

In allen diesen Fällen soll der Katholik mit Geduld seine harte Lage ertragen: sich mit allen Vorsichtsmassregeln versehen, um die Ansteckung des bösen Beispiels zu verhüten, wie in allen Büchern gelehrt wird, wo von den nächsten, nothwendigen Gelegenheiten zur Sünde die Rede ist; das Herz ganz zu Gott erheben und täglich inständig für die eigene Rettung und die unglücklichen Opfer des Irrthums beten; soviel als möglich die Unterhaltung und das Streiten über solche Gegenstände vermeiden, und darauf sich nicht einlassen, ohne ganz geharnischt und gewappnet zu sein zum Schutz und Trutz; in der Lectüre guter Bücher und Blätter nach dem Urtheile eines klugen Gewissensrathes sich Waffen verschaffen, dem unvermeidlichen Einflusse solcher angesteckter Personen das Gegengewicht halten durch den öftern Umgang mit andern, durch Ansehen und Wissenschaft hervorragenden, die von der gesunden Lehre durchaus nicht abweichen, gehorchen in Allem, was dem katholischen Glauben und der Sittenlehre nicht entgegen ist; aber jeden Tag den festen Vorsatz erneuern, den Gehorsam Jedwelchem zu versagen, was direct oder indirect der Unversehrtheit des Katholicismus zuwider ist. Wer in solcher Lage sich befindet, lasse nur den Muth nicht sinken: Gott der Allmächtige, der seine Gefahren sieht, lässt es ihm an der erforderlichen Hülfe nicht fehlen. Wir haben beobachtet, dass die guten Katholiken aus liberalen Ortschaften und liberalen Familien, wenn sie wahrhaft katholisch sind, sich gewöhnlich durch eine gewisse besondere Starkmuth und Stahlhärte des Geistes auszeichnen. Es ist dies das beständige Walten der Gnade Gottes, welche dort kräftiger wirkt, wo sie die Noth drückender und dringender sieht.

2. Nützliche Beziehungen. Es gibt andere Beziehungen, die nicht unbedingt unerlässlich sind, aber doch moralisch unumgänglich, weil ohne dieselben das gesellschaftliche Leben kaum möglich wäre; denn dieses gründet sich auf gegenseitiger Dienstleistung. Von dieser Art sind die Beziehungen des Handels, die der Unternehmer und Arbeiter, die der Handwerker und ihrer Kunden u. s. w. Bei diesen ist die Abhängigkeit nicht so strenge, wie bei den vorhergehenden; man kann also hier eine grössere Unabhängigkeit an den Tag legen. Als Grundregel gilt hier, in keine andere Berührung mit dergleichen Leuten zu treten, als nöthig ist, um sich wegen des Fortganges des gesellschaftlichen Verkehres zu verständigen. Bist Du ein Kaufmann, so knüpfe mit ihnen keine anderen Beziehungen an, als die des Handels; bist Du ein Knecht oder Diener, so unterhalte keine andern als die Deines Dienstes; bist Du ein Handwerker, so kümmere Dich um das Soll und Haben, welche beide auf Dein Gewerbe Bezug haben. Wenn man diese Klugheit beobachtet, kann man auch inmitten eines Judenvolkes ohne Einbusse des Glaubens leben; ohne jedoch die übrigen allgemeinen Vorsichtsmassregeln, die wir im vorhergehenden Abschnitte empfohlen haben, ausser Acht zu lassen. Man darf nie vergessen, dass es hier keine Vasallenverhältnisse sind, mit denen man etwa zu rechnen hätte, sondern dass es geziemend ist, öfters die katholische Unabhängigkeit an den Tag zu legen, um mit derselben Jenen Achtung einzuflössen, welche glauben, mit ihrer liberalen Unverschämtheit uns vernichten zu können. Im Falle aber einer frechen Zumuthung oder Anschuldigung müsste man dieselbe mit aller Furchtlosigkeit zurückweisen und der Frechheit des Sectirers mit dem ganzen edlen und heiligen Freimuthe eines Bekenners des wahren Glaubens begegnen.

3. Beziehungen der blossen Zuneigung. Diese knüpfen wir an und unterhalten sie ganz nach unserm Belieben und unserer Neigung, und können sie auch ungehindert abbrechen, sobald wir nur wollen. Solche Beziehungen dürfen wir mit Liberalen keine unterhalten, weil sie eigentliche Gefahren für unser Heil sind. Hier gilt vollständig jener Spruch des Heilandes: Wer die Gefahr liebt, geht darin zu Grunde. Es kostet Dir ein schmerzliches Losreissen? Wohlan zerreisse mit einem Rucke die gefährlichen Fesseln, kost' es was es wolle! Erwäge folgende Punkte, die ohne Zweifel Dich überzeugen oder wenigstens beschämen werden! Wenn jene Person mit einem ansteckenden körperlichen Siechthum behaftet

wäre. würdest Du dann mit ihr verkehren? Ohne Zweifel **nicht.**
Wenn Dein Umgang mit derselben Deinen **guten Ruf bei den** Leuten
beeinträchtigte, **würdest Du dann** denselben fortsetzen? Gewiss nicht.
Wenn sie Gefühle und Meinungen **hegte,** die deine Familie verletzen? **Würdest** Du sie dann besuchen? Natürlich nicht. Nun
gut! Beobachten wir **hier, wo** es sich **um** die Ehre Gottes und
unser Seelenheil **handelt, das,** was die menschliche Klugheit rücksichtlich der eigenen Interessen und der Ehre **des** Menschen gebeut.
Wir **haben** hierüber **ein Wort** aus dem Munde **einer in der** Kirche
Gottes hochgestellten Persönlichkeit vernommen: „Nichts da mit
Liberalen! Besuchet ihre **Häuser** nicht!

Knüpfet mit ihnen keine Bande der Freundschaft!" Und schon
der **Apostel hatte es von Leuten** ihres Gelichter gesagt: *Ne commi-*
sceamini: „Haltet **keine Gemeinschaft mit ihnen!** (I. Chorinth. V, 9.)
Cum ejusmodi **nec** *cibum* **sumere:** „Mit dergleichen **sollt ihr** euch nicht
einmal zu Tische **sitzen."** (Jbid. V. 11.)

Also Abscheu vor der Häresie als vor dem grössten aller Uebel.
An einem Orte, wo eine **Seuche herrscht,** ist es **das** Erste, dass
man sich bestrebt, dieselbe **durch Quarantäne und** Absperrung **zu**
isoliren: O möchte es uns doch vergönnt sein eine absolute sanitäre
Grenzsperre zwischen Katholiken und Liberalen errichten zu können!

20.

Wie nothwendig es ist, sich vor der liberalen Lektüre in Acht zu nehmen.

Wenn es sich gebührt, ein solches **Verhalten** bezüglich der
Personen zu **beobachten,** dann **ist dasselbe noch** angemessener und
vielleicht **auch minder** schwierig **rücksichtlich der** Lektüre.

Der Liberalismus ist ein vollständiges **System, wie** der Katholicismus, freilich dessen Gegentheil. **Er hat also seine** Künste und
Wissenschaften, **seinen** Staatshaushalt, **seine Moral** d. h. seinen eigenthümlichen Organismus, der **von seinem** Geiste beseelt, mit
seinem Stempel **und** seinen Gesichtszügen gezeichnet **ist.** Ebenso
hatten auch die mächtigsten **Häresien einen** solchen, wie z. B. der
Arianismus im Alterthum **und der** Jansenismus in der Neuzeit. Es
gibt **also nicht** blos liberale Zeitungsblätter, sondern auch liberale
Bücher oder **solche** die vom Liberalismus **beleckt sind,** und zwar gibt

es deren im Ueberfluss; und (es ist traurig zu sagen) in dieser sucht der grösste Theil unseres jetzigen Geschlechtes seine Geistesnahrung. Deshalb werden so Viele, ohne es auch nur zu merken oder daran zu denken, von der Seuche elendiglich angesteckt.

Welche Vorsichtsmassregeln gibt es hiefür? Entsprechende oder fast gleiche wie jene, die wir in Bezug auf Personen gegeben haben. Man lese was wir darüber oben gesagt haben, und wende auf die Bücher an, was von den Individuen gesagt worden ist: es bietet keine Schwierigkeit und erspart uns und den Lesern die Mühe der Wiederholung.

Nur dieses Eine wollen wir bemerken, was sich besonders auf diesen Gegenstand bezieht. Nämlich sich zu hüten liberalen Büchern Lob zu spenden, mag ihr wissenschaftliches oder litterarisches Verdienst sein, welches es wolle; wenigstens gehe man mit der grössten Vorsicht zu Wege, wenn man ihnen Lobsprüche ertheilt, und nie ohne Missbilligung, die sie durch ihren liberalen Geist oder Geschmack verdienen. Daran müssen wir ganz hartnäckig festhalten; denn es gibt der gutmüthigen Katholiken (auch im katholischen Zeitungswesen) so viele, welche nur um für unparteiisch gehalten zu werden und sich den Anstrich tiefer Einsicht und Berühmtheit zu geben, was ja immer schmeichelhaft ist, in die Posaune der Fama stossen zu Gunsten jedweden wissenschaftlichen oder literarischen Werkes, das von liberaler Feder geschrieben ist. Sie behaupten, ein solches Vorgehen sei ein Beweis, dass es uns Katholiken nicht schwer falle, das Verdienst anzuerkennen, wo immer wir es wahrnehmen; auf diese Weise werde der Feind angezogen. (Das verwünschte System der Anziehung, welches jenem Kartenspiele gleichkommt, wo derjenige gewinnt, der die wenigsten Stiche macht; denn ohne es zu merken sind wir die Angezogenen!); endlich liege darin keine Gefahr, wohl aber bekunde sich der Geist der Billigkeit. Welch' peinlichen Eindruck machte es auf uns, als wir neulich in einem eifrig katholischen Blatte wiederholte Lobsprüche auf einen berühmten Dichter lasen, welcher seinem Hasse gegen die Kirche in Gedichten wie „die Vision des Bruders Martin" und „die letzte Klage des Lord Byron" Ausdruck verlieh! Was liegt denn daran, ob sein literarisches Verdienst gross oder klein sei, wenn er mit diesem seinem literarischen Verdienste uns die Seelen mordet, die wir retten sollten. Es ist das Nämliche, wenn man Achtung vor einem Strassenräuber hätte wegen des Glanzes seines blanken Säbels, mit dem er uns angreift, oder wegen der Zierathes seines Gewehres. mit dem er auf uns zielt. Die Häresie mit der kunstvollen Schmeichelei einer reichen, anmuthigen Poesie geschmückt, wirkt tausendmal verderblicher als wenn sie uns in trockenen und langweiligen Syllogismen der Schule wie in Form bitterer Pillen zum Verschlucken geboten wird. Wir lesen in der Geschichte, dass die wohlklingenden Verse fast in allen Jahrhunderten zur grossen Propaganda der Ketzerei das Ihrige beigetragen haben. Solche Dichterlinge der Propagandamacherei hatten die Arianer; es hatten deren die Lutheraner, von denen sich viele im Verein mit ihrem Erasmus auf die gebildeten Humanisten was einbildeten; wir übergehen die jansenistische Schule des Arnauld Nicola und Pascal, welche wesentlich literarisch war. Es ist bekannt, wem Voltaire den Grund und die Stütze seiner ungemein grossen Volksthümlichkeit verdankt. Wie ist es also möglich, dass wir Katholiken in den Chor dieser Sirenen der Hölle miteinstimmen und ihnen einen Namen und Ruf verschaffen und beim Werke, die Jugend zu verblenden und zu verführen, behilflich sind? Wer in unsern Blättern liest, dass der und der Verseschmied ein vortrefflicher Dichter ist, mag er auch liberal sein, der geht hin, sucht und kauft in einer Buchhandlung jenen vortrefflichen Dichter, mag er auch liberal sein; er findet Geschmack an ihm und verschlingt ihn, mag er auch liberal sein; er verdaut ihn und verdirbt sich mit dieser Kost sein Blut, mag er auch liberal sein; und schliesslich wird dieser unglückliche Leser so liberal, als wie sein Lieblingsschriftsteller. Wie Viele hat schon an Herz und Geist der unselige Espronceda verdorben! Wie Viele der gottlose Larra! Wie Viele fast bis auf den heutigen Tag der beklagenswerthe Becquer! Um nicht Namen noch jetzt Lebender anzuführen, die wir wohl zu Dutzenden citiren könnten. Warum sollten wir denn der Revolution Henkersdienste leisten, indem wir ihren traurigen Ruhm verkünden? Weswegen? Aus Unparteilichkeit? Nein; denn man kann nicht unparteiisch sein mit Einbusse dessen, was die Hauptsache ist, nämlich der Wahrheit. Ein schlechtes Weib ist ehrlos, so schön es sei, und je schöner. desto gefährlicher ist dasselbe. Vielleicht etwa aus Dankbarkeit? Nein; denn die Liberalen. klüger als wir, empfehlen unsere Bücher nicht, mögen sie auch so schön als die ihrigen sein; vielmehr sind sie besorgt und bestrebt mit der Kritik dieselben in Schatten zu stellen, oder im Stillschweigen zu begraben.

Vom hl. Ignatius von Loyola erwähnt sein vortrefflicher Lebensbeschreiber der P. Ribadeneyra. dass er in diesem Punkte so ängstlich besorgt war, dass er in seinen Schulen kein Werk des berühmten **Humanisten** jener Zeit, **Erasmus** von Rotterdam, **zu lesen** erlaubte, **obschon viele** von dessen durch gewählte Darstellung und zierliche **Schreibart sich** auszeichnende Schriften keinen Bezug auf die Religion **hatten**; einzig weil er **in den meisten** derselben einen protestantischen Geschmack **zeigt.**

Wir wollen hier von P. Faber, denn man gewiss **nicht** unter den unbedeutenden Schriftstellern aufzuzählen versucht **ist, ein** werthvolles Bruchstück bezüglich seiner berüchtigten Landsmänner Milton und Byron einschalten. In einem seiner so **schönen Briefe** sagt der grosse englische Schriftsteller: „**Ich begreife die seltsame** Grille der **Weltleute oder** der **Leute** unserer **Zeit** nicht, **die da** voller **Lobsprüche Männer** wie Milton und Byron anführen und zugleich zu **verstehen** geben, **dass sie Christus liebhaben** und auf ihn all' ihre Hoffnung, **auf** ihn, **ihr ewiges Heil setzen.** Man liebt Jesus **Christus** und seine Kirche und lobt im öffentlichen **Leben** wer gegen sie **lästert**; man donnert **gegen** die Unzucht **als etwas, das** in den Augen **Gottes ein** Gräuel **ist,** und feiert und verherrlicht einen Menschen, dessen **Leben und** Werke mit **derselben** gesättigt **sind.** Ich kann **die** Unterscheidung zwischen Mensch und Dichter, zwischen reinen und schmutzigen Stellen nicht begreifen. **Wenn ein** Mensch den **Gegenstand** meiner **Liebe** verletzt, **kann ich** mich nicht **dazu** verstehen, **von ihm** Trost oder irgend welchen Gefallen entgegenzunehmen. **Und so kann ich nicht** begreifen, wie Jemandem, der die Person **des** Heilandes aufrichtig, zärtlich und **warm liebt, die** Werke seines Feindes gefallen können. Der Verstand **lässt diese** Unterscheidungen **zu,** aber das Herz nie. Milton (verflucht **sei das** Andenken des Gotteslästerer!) schrieb während **eines** grossen Theils seines Lebens gegen die **Gottheit meines** Herrn, mein einziger Glaube, meine einzige Liebe: **dieser** Gedanke vergiftet mich. **Byron,** seine Pflichten gegen das **Vaterland und** die von der Natur eingepflanzten Gefühle **und Triebe** in den **Koth** herabziehend, würdigte sich schamlos zum Thiere **herab und** kleidete das Verbrechen und den Unglauben **in** schöne **Verse ein. Das** Ungeheuer, welches — soll **ich mir** Zwang anthun **und es** schreiben? — Christus auf gleiche **Linie mit** Jupiter und **Muhamed** setzte, ist **für** mich nichts anderes **als eine wilde Bestie, auch in** seinen sittlich reineren Stellen **und ich habe es** nie bereut **in** Oxford eine Prachtausgabe seiner Werke **in vier** Bänden dem **Feuer** übergeben zu haben . . England braucht keinen Milton. Wie sollte mein Land eine Politik,

eine Kraft, ein Talent oder was immer nöthig haben, das Gottes
Fluch auf sich geladen? Und wie der ewige Vater ein Talent oder
ein Werk dessen segnen, der in Poesie und Prosa die Gottheit
seines Sohnes geleugnet, verspottet und gelästert? *Si quis non amat
Dominum Nostrum Jesum Christum sit anathema:* „Wenn Jemand unsern
Herrn Jesus Christus nicht lieb hat, der sei im Banne" lautet das
Wort des hl. Paulus.

So schrieb der grosse katholische Engländer, eine der ersten
Grössen unter den neuern Schriftstellern Englands. So schrieb er,
als er noch nicht dem Protestantismus abgeschworen hatte: so hat
die gesunde katholische Unduldsamkeit immer gedacht, so
sprach immer das gute, zarte Gefühl des Glaubens!

Ich verwundere mich, dass man so viel darüber gestritten hat,
ob die classische Erziehung, gegründet auf das Studium der grie-
chischen und lateinischen Schriftsteller des heidnischen Alterthums,
angemessen sei oder nicht, da doch der schädliche Einfluss desselben durch die Entfernung der Jahrhunderte, durch die verschiedene Welt der Ideen, Gebräuche und Herkommen und durch
die Verschiedenheit der Sprache abgeschwächt wird. Ich verwundere
mich darüber, während doch beinahe nichts über das giftige, ver-
derbenbringende Wesen der revolutionären Erziehung geschrieben
ist, welche man der Jugend ohne Gewissensangst gibt oder viele
Katholiken derselben geben lassen.

21.

Die gesunde katholische Unduldsamkeit im Gegensatz zur falschen liberalen Liebe.

Intoleranz! Unduldsamkeit! Höre ich hier einen beträchtlichen
Theil meiner Leser, die mehr oder minder vom Liberalismus im
Schlepptau gehalten werden, ausrufen, nachdem sie das vorher-
gehende Capitel durchgelesen haben. Welche Art ist dies die Frage
zu lösen! Wie wenig christliches Benehmen! Ist der Anhänger des
Liberalismus nicht auch so gut wie jeder Andere unser Nächster?
Wohin werden uns solche Ideen führen? In welch' schamloser
Weise schärft man uns gegen die Liberalen die Ausserachtlassung
der Liebe ein?

„Das scheint blos!" rufen wir hingegen aus, wenn man uns
schon den Vorwurf des Mangels an Liebe macht. Wohlan

wir wollen diesem Tadel begegnen, der für Manche das wahre Streitross in der Frage ist und wenn nicht das, so doch wenigstens unsern Feinden zum eigentlichen Schilde und zur Brustwehr dient. Man macht es hier eben, wie sich ein Schriftsteller sehr treffend ausdrückte, die Liebe zur Schanze und Barrikade gegen die Wahrheit.

Zuvörderst müssen wir wissen, was das Wort Liebe bedeutet. Die katholische Theologie gibt uns davon eine Begriffsbestimmung durch das passendste und ansehnlichste Mittel der volksthümlichen Glaubensunterweisung, nämlich durch den weisen, tiefphilosophischen Katechismus. Dieser sagt uns: Die Liebe ist eine übernatürliche Tugend, die uns antreibt Gott über Alles und den Nächsten wie uns selbst zu lieben aus Liebe zu Gott. Aus dieser Definition ergibt sich, dass wir nach jenem, was Gott betrifft, den Nächsten lieben sollen, wie uns selbst, und dies nicht auf jede beliebige Weise, sondern in der gehörigen Ordnung und mit Unterwerfung unter das Gesetz Gottes und aus Liebe zu Gott.

Was heisst nun lieben? *Amare est velle bonum,* sagt die Philosophie: (Lieben heisst das „Gute wollen.") „Lieben heisst das Wohl dessen wollen, den man liebt." Welches ist nun die Person, die zu lieben, oder der wohlzuwollen uns die Liebe gebietet? Der Nächste, d. h. nicht blos dieser oder jener Mensch, sondern alle Menschen. Und worin besteht dieses Wohl oder das Gute, das man ihnen zu wünschen hat, damit eine wahre Liebe vorhanden sei? In erster Linie ist es das höchste aller Güter, nämlich das übernatürliche Gut; in zweiter Linie sind es die übrigen Güter der natürlichen Ordnung, sofern sie nicht mit jenem unvereinbar sind. Alles dieses fasst man in jener Wendung zusammen „aus Liebe zu Gott", und in tausend anderen, welche ähnlich lauten.

Es folgt also daraus, dass man den Nächsten lieben kann und ihm wohlwollen (und zwar sehr), indem man ihm Missfallen erregt, sich ihm widersetzt, ihn in zeitlichen Nachtheil bringt, sogar in irgend einem Falle das Leben nimmt. Es kommt eben Alles darauf an, dass wir prüfen, ob wir dadurch, dass wir ihm Missfallen erregen, uns ihm widersetzen, ihn benachtheiligen, zu seinem Besten handeln oder zum Besten dessen, der darauf mehr Anspruch hat als er, oder einfach ob wir dadurch Gott mehr dienen.

1. Ob zu seinem Besten. Wenn man deutlich sieht, dass man dem Nächsten ein Gut verschafft, indem man ihm Missfallen erregt und ihn verletzt, so ist doch klar, dass man ihm wohlwill,

auch dann, wenn man zu seinem Besten ihm Missvergnügen und
Verdruss verursacht. Auf diese Weise will man dem Kranken wohl,
wenn man seine Wunde mit Höllenstein ausbrennt oder ein Krebs-
geschwür mit der Lanzette wegschneidet; den Bösen liebt man,
indem man ihn bessert durch Zurechtweisung und Züchtigung
u. s. w. All' dieses ist lauter ausgezeichnete Liebe.

2. Ob zum Wohl eines Andern, der mehr Recht
hat. Oft geschieht es, dass man Jemanden erzürnen muss, nicht
zu seinem Wohle, sondern um irgend einen Andern von einem
Uebel zu befreien, dem Jener dasselbe zufügen wollte. In diesem
Falle ist es ein Gebot der Liebe, dem ungerecht Angegriffenen bei-
zustehen und ihn gegen die Gewaltthat des Angreifers zu vertheidigen, und man hat das Recht diesem soviel Uebles zuzufügen, als
es gerade zur Vertheidigung Jenes erforderlich oder schicklich ist.
So geschieht es jedesmal, wenn man den Räuber bei der Vertheidigung des von ihm überfallenen Wanderers tödtet. Und dann
ist Tödten oder Schädigen oder in irgend einer andern Weise den
ungerechten Angreifer verletzen, ein Werk eigentlicher wahrer Liebe.

3. Oder ob zum Dienste, den wir Gott schulden.
Das Gut aller Güter ist die Ehre Gottes, wie der Nächste aller
Nächsten für den Menschen sein Gott ist. Daher die den Menschen
als unsern Nächsten schuldige Liebe immer jener untergeordnet
werden muss, welche wir Alle unserm gemeinsamen Herrn schulden.
Aus Liebe zu ihm und seinem Dienste muss man demnach (wenn
es nöthig ist) den Menschen missfallen, muss man sie (wenn es
nöthig ist) verwunden und tödten. Man beachte die Kraft der Ein-
schaltung „(wenn es nöthig ist)“, welche den einzigen Fall, in dem
der Dienst Gottes solche Opfer erheischt, deutlich angibt. Wie man
daher in einem gerechten Kriege zum Dienste des Vaterlandes
Leute verwundet und tödtet, so kann man ein Gleiches zum Dienste
Gottes. Und wie man gemäss dem Gesetze Menschen hinrichten
kann wegen Uebertretung des menschlichen Gesetzbuches, so kann
man dasselbe in einem katholisch organisirten Staate wegen Uebertretung des göttlichen Gesetzbuches insofern dieses bindende Kraft
in *foro externo* hat; somit steht die so heftig angefochtene Inquisition vollkommen gerechtfertigt da. All' diese Acte (wenn gerecht
und nothwendig) sind Tugendacte und können von der Liebe geboten sein.

So fasst es der moderne Liberalismus nicht auf; jedoch wer
es nicht so auffasst, hat eine verfehlte Auffassung. Indess hat er

selbst einen falschen Begriff von der Liebe, und hört nie auf, die
überzeugungstreuen **Katholiken zu necken und zu belästigen** mit der
wiederholten Anschuldigung der Intoleranz, Unverträglichkeit und
Unduldsamkeit. **Unsere Formel** lässt an **klarer** und concreter Fassung
nichts **zu wünschen übrig.** Sie lautet **also:** die grösste katholische
Unduldsamkeit ist die grösste katholische Liebe. Sie ist es in Bezug **auf** den Nächsten zu seinem eigenen Wohle, wenn sie zu seinem
Besten ihn demüthigt, beschämt, **wehe thut, bestraft.** Sie ist es in
Bezug auf Andere, wenn sie um **den** Nächsten von der Pest eines
Irrthums zu bewahren, die Urheber und Begünstiger desselben entlarvt und zu Schanden **macht, sie mit ihren eigentlichen Namen**
Schlechte und Bösewichte nennt, **sie mit Fug und Recht dem Ab-**
scheu und der Verachtung preisgibt und **sie der Verwünschung Aller**
und wenn möglich, **dem** Eifer der socialen (richterlichen) Gewalt
überantwortet, **der** es obliegt, **sie zu unterdrücken und zu** züchtigen.
Sie ist es endlich in Bezug auf Gott, wenn es zu seiner Ehre und
zu seinem Dienste nothwendig gemacht wird, von jedem Bedenken
abzusehen, **alle Wälle zu durchbrechen, jede Rücksicht mit Füssen zu**
treten, jedes Interesse hintanzusetzen und das eigene Leben und
alles **Andere in die Schanze zu schlagen,** wo es ein so hoher Zweck
erfordert.

All' dies ist reine Unverträglichkeit oder Unduldsamkeit in der
wahren Liebe und deswegen die höchste Gottes- und Nächstenliebe
und demnach sind die Vorbilder dieser Unduldsamkeit die erhabensten **Helden der** Liebe, wie sie die wahre Liebe versteht. Darum
gibt es wenige Unduldsame, **gibt es** heutzutage so wenige, welche
wahrhaft lieben. Die liberale Liebe, die heute im Schwunge und
in der Mode ist, besteht in blossen äusseren **Formen, in Schmei-**
cheleien, in der Willfährigkeit und in affectirter Zärtlichkeit, im
Grunde aber ist sie die wesentliche Verachtung der wahren Güter
des Menschen und der erhabensten Interessen der Wahrheit und
des Allerhöchsten.

22.

Von der Liebe in den sogenannten Formen der Polemik; und ob hierin die Liberalen gegenüber den Vertheidigern der katholischen Sache Recht haben.

Aber nicht auf diesen Boden verlegt der Liberalismus die Frage, wohl wissend, dass er in der Principien-Frage elendiglich Schiffbruch leiden würde. Anstatt dessen klagt er die Katholiken des Mangels an Liebe in den Formen ihrer Glaubensvertheidigung an: und das ist es eben, wie wir gesagt haben, worauf manche, sonst gute Katholiken, die aber von dem heillosen liberalen Roste überzogen sind, so hartnäckig beharren und weshalb sie in's Garn gehen. Was ist also darüber im Besondern zu sagen?

Folgendes: Dass wir Katholiken hierin wie im Uebrigen Recht, die Liberalen aber nicht einmal den Schein davon haben. Erwägen wir nur folgende Punkte:

1. Es kann der Katholik ohne Scheu dem liberalen Gegner sagen, dass er liberal ist. Niemand wird diesen Satz in Zweifel ziehen. Wenn dieser oder jener Schriftsteller oder Zeitungsschreiber oder Deputirter sich mit dem Liberalismus zu brüsten beginnt und seine liberalen Ideen und Gefühle durchaus nicht verhehlt, thut man ihm dann Unrecht an, so man ihn liberal nennt? Es ist ein Rechtsgrundsatz: *Si palam res est, repetitio injuria non est:* „Es ist kein Unrecht zu sagen, was öffentlich bekannt und ruchbar ist." Viel weniger ist es dann gefehlt, wenn man vom Nächsten aussagt, was er selbst ohne Hehl stündlich von sich behauptet. Dessenungeachtet wie viele Liberale, besonders von der gemässigten Gattung, fühlen sich höchlich beleidigt, so sie ein katholischer Gegner Liberale oder Freunde des Liberalismus heisst?

2. Gesetzt der Liberalismus sei etwas Schlechtes, so ist es kein Mangel an Liebe, dessen öffentliche und geflissentliche Vertheidiger schlecht zu nennen. Es ist im Wesentlichen nichts Anderes, als das alle Jahrhunderte angewandte Gesetz der Gerechtigkeit auf den gegenwärtigen Fall anwenden. Wir Katholiken der Gegenwart haben in diesem Punkte nichts Neues eingeführt: wir halten uns an den aus dem Alterthum hergebrachten, beständigen Brauch. Zu allen Zeiten hat man die Verbreiter und Begünstiger der Irrlehren, Häre-

tiker oder Ketzer geheissen, gerade so gut wie die Urheber derselben. Und weil die Irrlehre stets in der Kirche als das grösste Uebel betrachtet wurde, so hat auch die Kirche die Verbreiter und Begünstiger derselben immer Beförderer des Schlechten und Bösewichte genannt. Man schlage die Werke der Kirchenschriftsteller nach; man beachte wie die Apostel gegenüber den ersten Ketzern und Irrlehren auftraten, wie die hl. Väter dasselbe Verfahren gegen sie befolgten, und wie die neuern Glaubensvertheidiger und die Kirche selber in ihrer amtlichen Sprache sie behandeln. Es ist somit kein Mangel an Liebe, Jemanden schlecht zu heissen, der es ist; und die Urheber, Begünstiger und Anhänger des Bösen, als Bösewichte und Ruchlose, und den Inbegriff aller ihrer Handlungen Worte und Schriften als Schlechtigkeit, Bosheit, Niederträchtigkeit zu bezeichnen. Den Wolf hat man immer schlechthin Wolf geheissen, und es ist nie Jemandem eingefallen, dass er schlecht daran thue, ihn mit der Herde und dem Hirten so zu nennen

3. Wenn die Ausbreitung des Guten und die Nothwendigkeit, das Böse anzugreifen und zu zerstreuen, den Gebrauch harter Redensarten gegen die Irrthümer und deren Häupter erfordern, dann können sie ohne Verletzung der Liebe angewendet werden. Dieses ist ein Corollarium oder eine Folgerung des vorhergehenden Grundsatzes. Das Böse soll man verabscheuungswürdig und verhasst machen; und das kann man nur, wenn man es als schlecht, ruchlos und abscheulich schilt. Die christliche Beredtsamkeit aller Jahrhunderte heisst den Gebrauch ausserordentlich harter rednerischer Figuren gegen die Gottlosigkeit gut. In den Schriften der grossen Kämpfer des Christenthums finden die rhetorischen Redewendungen der Ironie, der Verwünschung und Verfluchung und die demüthigendsten Epitheta fortwährend Anwendung. Das einzige Gesetz in diesen Fällen muss die Zweckmässigkeit und die Wahrheit sein.

Es ist noch ein anderer Grund vorhanden. Die volksthümliche Glaubensverbreitung und Glaubensvertheidigung kann die mit Handschuhen versehenen, trockenen, akademisch schulgerechten Formen nicht beobachten. Das Volk überzeugt man nur, wenn man zu seinem Herzen und seiner Phantasie redet; und diese lassen sich nur mit einer warmen, feurigen und leidenschaftlichen Sprache bewegen. Die Leidenschaft, welche aus der leidenschaftlichen Liebe zur Wahrheit hervorgeht, ist nichts Böses. Die sogenannten Masslosigkeiten des modernen ultramontanen Styles, abgesehen davon, dass sie Milch und Honig sind im Vergleich zu denen des liberalen

Zeitungswesen (wir haben sehr sprechende Beispiele neuesten Datums dafür), werden gerechtfertigt, sobald man nur die Werke der grossen katholischen Glaubensvertheidiger der besten Zeiten öffnet. Der hl. Johannes der Täufer begann seine Laufbahn damit, dass er die Pharisäer „Schlangengezücht" nannte. Der göttliche Heiland liess nie ab, sie mit den Epitheta „Heuchler, übertünchte Gräber, ehebrecherisches und nichtswürdiges Geschlecht" anzufahren, ohne dass er deswegen glaubte gegen die Heiligkeit seiner so milden und sanften Predigtweise zu verstossen. Der hl. Paulus sagte von den abtrünnigen Schismatikern auf Kreta, dass sie „Lügner, böse Thiere, faule Bäuche" seien. Derselbe Apostel ruft dem Verführer und Schwarzkünstler Elymas zu: „O du voll jeglichen Trugs, und jeglicher Arglist, Kind des Teufels und Feind aller Gerechtigkeit."

Wenn wir die Werke der hl. Väter nachschlagen, so finden wir nur Züge dieser Art, die sie in ihrem ununterbrochenen Streite mit den Ketzern fortwährend anzuwenden nicht beanständeten. Wir führen bloss einige der vorzüglichsten an. Der hl. Hieronymus wirft in seinem Streite mit dem Ketzer Vigilantius diesem sein früheres Gewerbe eines Schenkwirthes vor mit den Worten: „Auf andere Dinge hast du dich verlegt schon seit frühester Jugend, aber nicht auf Theologie ; andern Studien hast du dich gewidmet. Den Werth der Münzen prüfen und zugleich den der Stellen aus der hl. Schrift; die Fässer anstechen, die Weinsorten probiren und zugleich in den Propheten und Aposteln forschen; Das sind Dinge. die ein Mensch allein nicht zugleich treiben kann." Man sieht. dass der heilige Kämpfer es liebte, in dieser Weise den Gegner niederzuschmettern, wie er auch bei einem anderen Anlasse, als Vigilantius die Vorzüglichkeit des jungfräulichen Standes und des Fastens leugnete, denselben angriff und ihn mit beissendem Witze fragte, ob er so lehre, um für seine Kneipe nicht die Stammgäste und die Kundschaft zu verlieren. Welchen Lärm würde ein liberaler Kriticus schlagen, wenn einer unser Controversschriftsteller sich einer solchen Schreibart gegen einen Irrlehrer unser Tage sich bediente!

Und was werden wir erst vom hl. Johannes Chrysostomus sagen in Betreff seiner berühmten Strafpredigt gegen Eutropius, welche in persönlichen Angriffen und derben Anspielungen nur mit den so niederschmetternden Reden Ciceros gegen den Verschwörer Catilina und den räuberischen Statthalter Verres verglichen werden kann? Der honigfliessende hl. Bernhard träufelte wahrlich nicht von Honig,

wenn er es mit den Feinden des hl. Glaubens zu thun hatte. Den
Arnold von Brescia, den grossen liberalen Wühler seines Jahrhunderts, nennt er ohne Scheu einen Verführer, ein Gefäss der Schmach
und Ungerechtigkeiten, einen Skorpion und grausamen Wolf. Der
gute hl. Thomas von Aquin vergisst seine Ruhe, lässt die kalten
trockenen Syllogismen bei Seite und zieht in heftiger Apostrophe
gegen seinen Gegner Wilhelm de Saint Amour und dessen Schüler
los und nennt sie geradezu „Feinde Gottes, Unwissende, Verkehrte.
Verruchte." In solch' derber Weise drückte sich der vortreffliche
Louis Veuillot niemals aus. Der so milde hl. Bonaventura schilt
den Gerald einen „Unklugen, Verläumder, bösen Geist, Gottlosen,
Schamlosen, Unwissenden, arglistigen Betrüger, Missethäter, Treulosen, Unsinnigen." Beim Eintritt ins moderne Zeitalter begegnen
wir dem bezaubernden Vorbild des hl. Franz von Sales, der durch
seine ausserordentliche liebgewinnende Höflichkeit und Sanftmuth
sich den Namen eines lebendigen Bildes des Heilandes erwarb. Glaubt
ihr wohl, dass er die Häretiker seiner Zeit und seines Landes mit
etwelcher Rücksicht behandelte? O bewahre! Es ist wahr, er verzieh
ihnen ihre Beleidigungen, überhäufte sie mit Wohlthaten, verwendete
sich mit allem Eifer dafür, denen das Leben zu retten, die ihm das
seinige rauben wollten; er gieng soweit, einem seiner Nebenbuhler
zu sagen: „Wenn du mir auch ein Auge ausreissen würdest, so
liesse ich doch nicht ab, dich mit dem anderen als Bruder anzusehen." Nun gut. Gegenüber den Feinden seines Glaubens beobachtete er keine Art von Mässigung oder Rücksicht. Von einem
Katholiken befragt, ob er schlecht reden dürfe von einem Häretiker,
der seine giftigen Lehren ausstreue, gab er folgenden Bescheid:
„Ja ihr dürft es; nur sagt nichts Unwahres, und redet einzig wegen
der Kenntniss, die Ihr von seinem schlechten Lebenswandel habet,
indem Ihr von dem Zweifelhaften als Zweifelhaften redet, je nach
dem grösseren oder geringeren Grade des Zweifels, in welchem Ihr
darüber seid." Aber noch deutlicher spricht er sich in seiner
Philothea aus, in dem ebenso kostbaren als volksthümlichen Buche.
Dort sagt er Folgendes: „Die erklärten Feinde Gottes und der
Kirche muss man so viel als möglich tadeln, ohne alle Schonung
und man suche sie so gut man kann zu kennzeichnen. Die Liebe
verpflichtet uns, Wolf! Wolf! zu rufen, wenn er sich unter den
Schafen oder wo immer befindet, damit man sehe, wo er ist."
Ist es nöthig unseren Feinden etwa einen praktischen Curs
der Rhetorik oder literarischen Kritik zu halten? Dieses ist es, was

über die so vielbesprochene **Frage** betreff der **Angriffsfor**men **der** ultramontanen, **(oder in** gewöhnlicher **Sprache) wahrhaft** katholischen **Schriftsteller, zu sagen** ist. **Die Liebe** verbietet uns, **Andern zu thun,** was **wir** vernünftiger **Weise nicht** wollen, **dass uns selber ge**schehe. **Man** beachte wohl das **Wörtlein** „vernünftigerweise" worauf es **bei** dieser **Frage eben ankommt.** Der wesentliche Unterschied zwischen unserer Anschauungsweise, und jener der Liberalen hinsichtlich dieses Gegenstandes ist **der,** dass diese Herren die Apostel der Irrlehre als einfache freie Bürger **betrachten,** die von ihrem vollen Rechte Gebrauch **machen,** wenn **sie eine** andere Ansicht in Religionssachen haben, **als** sie selber, und so **glauben** sie dann, verpflichtet zu **sein,** die Ansicht derselben zu **achten,** und **ihr nicht zu** widersprechen, es sei denn blos in dem Rahmen einer freien **Erörterung;** wir indessen sehen in jenen Aposteln des Irr**thums eben nur** erklärte Feinde jenes Glaubens, den wir zu ver**fechten verpflichtet sind;** in ihren Irrthümern aber erblicken wir **nicht** etwa **freie Ansichten,** sondern förmliche Häresien und Schlechtig**keiten, wie das Gesetz** Gottes lehrt. Mit Recht also sagt ein grosser katholischer Geschichtsschreiber **zu den Feinden** des Katholicismus: „Ihr macht Euch **selbst durch Eure Handlungen** ehrlos und voll˙ Schande; **nun** gut, so will **ich denn** auch mit meinen Schriften Euch mit Schande bedecken." **Oder wie** das Zwölftafelgesetz das kräftige römische Geschlecht der **ersten** Zeiten Roms lehrte: *Aversus hostem aeterna auctoritas esto;* was **sich** also verdolmetschen liesse: „den Feinden ein Krieg ohne Schonung!"

23.

Ist es schiklich, in Bekämpfung des Irrthums die Persönlichkeit dessen, der ihn behauptet und ausbreitet, zu bekämpfen und zu demüthigen?

Je doch wird **Jemand sagen:** „Dies mag hingehen bei den **Lehren in** *abstracto.* **Ist es** aber **schicklich,** bei der Bekämpfung des **Irrthums,** so **verkehrt** dieser **auch** sei, gegen die Persönlichkeit **dessen, der denselben** verfechtet, sich **zu** ereifern und in Harnisch zu geratheu?

Wir antworten darauf, dass es sehr oft wirklich schicklich ist,

und nicht nur schicklich, sondern auch unerlässlich und verdienst-
lich vor Gott und der Gesellschaft. Obschon diese Bejahung klar
aus dem bereits Gesagten sich ergibt, so wollen wir dennoch dieselbe, weil von der grössten Bedeutung, hier ausdrücklich behandeln.
In der That ist die Anschuldigung sehr häufig, dass der Vertheidiger der katholischen Sache immer zu persönlichen Angriffen
seine Zuflucht nehme; und hat **man** einmal **einem** der Unsrigen den
Vorwurf persönlicher Angriffe gemacht, dann scheint es den **Liberalen**
und denen, die sich **am Gängelbande** des Liberalismus führen **lassen**,
dass damit Alles **gesagt** und **das** Urtheil über den Heisssporn
schon gesprochen sei.

Nichtsdestoweniger **haben sie durchaus Unrecht.** Die schlechten
Ideen muss **man** bekämpfen **und ihres Ansehens berauben,** wenn
man sie in Acht und **Bann** und **Verruf** bei der Menge **bringen** soll
welche die Bösewichte zu überlisten und zu verführen **suchen.** Und
es ist ja **ganz** natürlich, dass die Ideen **nicht für** sich allein
existiren und wie Vögel in der Luft herumfliegen, **noch auch** durch
sich selbst sich ausbreiten, noch endlich **durch sich** allein der
Gesellschaft allen Schaden verursachen. Sie gleichen **den Pfeilen**
und den Kugeln, die Niemanden **verwunden** würden, wäre **nicht**
Jemand da, der sie mit dem Bogen **oder dem Gewehre abschiessen**
würde.

Gegen den Bogen- und Büchsenschützen **muss man** also in
erster **Linie die Hiebe richten, will man sich gegen** ihre **todt-**
bringenden Geschosse sicher stellen, und jede andere Art **Krieg**
zu führen **könnte** so liberal **sein** als sie wollte, wäre aber **gegen**
den gesunden **Sinn. Nun sind die Urheber und Ausbreiter der**
ketzerischen **Lehren** Soldaten mit vergifteten **Waffen;** ihre **Waffen**
sind das **Buch, die Zeitung,** die öffentlichen Reden **und der persön-**
liche Einfluss. **Es genügt also** nicht, **sich auf die Seite zu** drücken,
um dem Schusse **zu entgehen;** nein, **das Beste** und **Wirksamste** ist
es, **den** Schützen **unschädlich zu machen.** So ist es also angemessen,
dessen **Buch, Zeitung oder Rede** herabzusetzen **und in** Verruf zu
bringen und in manchen Fällen **selbst** dessen Person. Ja, dessen
Person, weil diese das hauptsächliche Element des Kampfes, wie
der Artillerist das hauptsächliche **Element der Artillerie ist,** und
nicht etwa die Bombe, nicht **das Pulver,** nicht **die** Kanone. Es ist
daher in gewissen Fällen **erlaubt, des** schädlichen **Feindes Ehr-**
losigkeit **und Schmach** öffentlich an's Licht **zu ziehen,** seine Sitten
lächerlich zu machen, seinen Namen und Beinamen mit Schande

zu bedecken. Ja, **mein Freund**; **und man kann es in Prosa und in**
Versen, im Ernste und im Scherze, mit **Zerrbildern**, mit allen
Künsten und Mitteln, die etwa zu Gebote stehen. Nur müssen wir
uns hüten, die Lüge zur Dienerin **der** Wahrheit **zu machen.** Dieses
nicht. Niemand gehe auch **nur ein** Haar breit über die Grenzen
der Wahrheit hinaus, aber innerhalb derselben gilt jenes Wort des
Crétineau-Joly „Die Wahrheit ist die einzige Nächstenliebe, die der
Geschichte gestattet ist," **und** man könnte hinzufügen: der religiösen
und socialen Vertheidigung.

Dieselben hl. **Väter,** die wir angeführt **haben, beweisen** diesen
Satz. Schon die **Ueberschriften** ihrer Werke **sagen uns sehr** deutlich, **dass sie bei Bekämpfung der Irrlehren** den ersten **Schuss auf**
die Irrlehrer abzufeuern suchten. Beinahe **alle** Titel **der** Werke des
hl. Augustin **wenden sich an den** Namen des Stifters der Häresie:
Contra Fortunatum manichaeum; Adversus Adamantum; Contra Felicem;
Contra Secundinum; Quis fuerit Petilianus; De gestis **Pelagii;** *Quis fuerit*
Julianus u. s. w, **so dass fast die** ganze Polemik des grossen Augustin
ebenso **persönlich angreifend** und ich möchte sagen, ebenso bio-
graphisch, **als** wissenschaftlich ist; dem Irrlehrer ebensosehr zu
Leibe **rückt, als der Irrlehre.** Und so könnten wir von allen heil.
Vätern reden.

Woher **hat** denn der Liberalismus die sonderbare neue Idee
hergeholt, **dass man bei** der Bekämpfung **der** Irrthümer von den
Personen absehen und sie vielmehr liebkosen **und** hätscheln müsse?
Man halte **sich** an das, **was** hierüber **die** christliche Ueberlieferung
lehrt und lasse die **Ultramontanen** den Glauben verfechten, wie er
immer in der Kirche **Gottes** verfochten wurde. Der Vertheidiger
der katholischen **Sache** ziehe vom Leder, haue frisch d'rein, ver-
wunde, **richte** die **Spitze seines** Schwertes geradezu gegen das Herz
des Gegners: Dies **ist die** einzig wirkliche und wirksame Kampfesart!

24.

Ein anscheinend schwerwiegender Einwurf gegen die in den zwei vorhergehenden Capiteln enthaltene Lehre.

Gegen die in den vorhergehenden **Capiteln** dargelegte Lehre
werden unsere **Gegner** vielleicht einen **Widerspruch** vorbringen, der
auf den ersten **Blick sehr** schwer ins Gewicht fallen mag. Es lohnt sich.

diese ängstlichen Bedenklichkeiten (oder was sie sein mögen) zu zerstreuen, um so unsern Weg von allen Hindernissen zu säubern und zu räumen.

Der Papst, sagen sie, und das kann nicht bezweifelt werden, hat zu verschiedenen Malen den katholischen Blättern eine schonende Mässigung in den Formen der Polemik, die Beobachtung der Liebe, das Vermeiden des angreifenden herausfordernden Wesens, sowie der ehrenrührigen Beiwörter, der beleidigenden persönlichen Angriffe und Anspielungen empfohlen. Und dies, werden sie nun sagen, ist dem, was ihr da uns dargelegt habt, schnurstracks entgegengesetzt.

Beweisen wir nun denn, dass zwischen diesen unsern Winken und den weisen Rathschlägen des Papstes gar kein Widerspruch vorhanden ist. Es braucht zum Glück gerade nicht viel, um es deutlich darzuthun.

In der That. An wen wandte sich der Papst mit diesen seinen wiederholten Ermahnungen? Immer an die katholische Presse, immer an die katholischen Zeitungsschreiber, immer in der Voraussetzung, dass sie solche seien. Folglich ist es einleuchtend, dass er solche Rathschläge und die Anempfehlung einer schonenden Mässigung nur auf Katholiken bezog, die mit andern Katholiken über freie, dem Glauben gleichgültige Fragen streiten; nicht aber auf Katholiken, welche wider die erklärten Antikatholiken den heftigen, schonungslosen Kampf des Glaubens kämpfen.

Es ist einleuchtend, das der Papst in jenen Weisungen nicht auf die ununterbrochenen Kämpfe zwischen Katholiken und Liberalen anspielte, welche eben desswegen, weil der Katholicismus die Wahrheit und der Liberalismus die Irrlehre ist, ganz folgerichtig als Kämpfe zwischen Katholiken und Ketzern zu betrachten sind. Es ist einleuchtend, dass er seine Rathschläge nur in Bezug auf unsere häuslichen Zwiste, deren es zum Unglück sehr viele gibt, aufgefasst wissen wollte, weit davon entfernt, uns zu ermahnen, dass wir gegen die ewigen Feinde der Kirche und des Glaubens mit Schwertern ohne Schneide und ohne Spitze kämpfen sollten, wie es etwa bei Theatergefechten und Turnieren der Fall ist. Es ist also kein Widerspruch zwischen der von uns dargelegten Lehre und derjenigen, welche in den Breven und Allocutionen Sr. Heiligkeit enthalten ist; weil der Widerspruch, will man folgerichtig sein, *ejusdem, de codem et secundum idem* sein muss, was eben hier nicht der Fall ist.

Wie könnte man auch das Wort des Papstes auf andere Weise

richtig deuten? Es ist eine Regel der gesunden Auslegungskunst, dass man eine Stelle der hl. Schrift im buchstäblichen Sinne auslegen muss, wenn nicht dadurch ein Widerspruch mit dem übrigen Texte der hl. Bücher entsteht; und dass man erst dann zum freien oder bildlichen Sinne seine Zuflucht nehmen muss, wenn der erwähnte Widerspruch einträte. Eine ähnliche Regel können wir aufstellen, wo es sich um die Auslegung der päpstlichen Documente handelt.

Kann man etwa annehmen, der Papst sei im Widerspruch mit der ganzen katholischen Ueberlieferung von Jesus Christus bis auf unsere Tage? Kann man glauben, dass durch einen einzigen Federzug die Schreibweise und das Verfahren der ausgezeichnetsten Vertheidiger und Streiter der Kirche vom hl. Paulus an bis auf den hl. Franz von Sales verworfen worden sei? Nein, das gewiss nicht. Und doch ist es klar, dass dieses der Fall wäre, wenn man jene Rathschläge zur schonenden Mässigung in jenem Sinne auffassen müsste, in welchem (natürlich zu ihrem eigenen Vortheile) die liberale Partei dieselben auslegt. Das ist also die einzig zulässige Schlussfolgerung, dass der Papst, als er diese Rathschläge gab, (welche jedem braven Katholiken als Vorschriften gelten sollen). nicht beabsichtigte, sie auf die Kämpfe zwischen Katholiken und den Feinden des Katholicismus, wie es die Liberalen sind, zu beziehen, sondern auf die Polemik der guten Katholiken in ihren Zwistigkeiten und Meinungsverschiedenheiten unter sich.

Nein, es könnte nicht anders sein und es sagt uns dies schon der gesunde Sinn. Niemals hat bei Gelegenheit einer Schlacht ein Feldherr seinen Soldaten befohlen, den Gegner nicht zu sehr zu verwunden; niemals empfahl er ihnen ein zartes Verfahren mit demselben, niemals Schmeicheleien und Rücksichten. Der Krieg ist Krieg, und niemals hat man ihn ohne Verletzungen ausgefochten. Es würde jemand in den Verdacht eines Verräthers kommen, wollte er mitten im Kampfesgewühl durch die Reihen der Verbündeten eilen und rufen: „Bürger machet dem Gegner ja keine Verdriesslichkeit! zielet nicht zu scharf nach seinem Herzen!"

Ja Papst Pius IX. selbst gab uns die echte, authentische Auslegung jener Worte, und zeigte, in welcher Weise jene Rathschläge einer schonenden Mässigung verstanden werden müssen. Bei einem sehr feierlichen Anlasse bezeichnete er die Anhänger der Commune als böse Geister. und die katholischen Liberalen hiess er noch schlechter als die bösen Geister. Dieses Wort machte die Runde durch die Welt, und da es von den Lippen des so sanft-

müthigen Papstes ausgegangen, drückte es sich dem Liberalismus
auf die Stirne ein, als Brandmal des ewigen Fluches. . Wer wird
nun nach einem solchen Worte befürchten müssen, in der Härte
der Benennungen zu weit zu gehen?

Ja selbst die Worte der Encyklika *Cum multa*, womit die liberale
Ruchlosigkeit gegen die festen und überzeugungstreuesten Katholiken
so argen Missbrauch getrieben; selbst jene Worte, mit denen unser
hl. Vater Leo XIII. den katholischen Schriftstellern anbefiehlt, dass
man „zur Vertheidigung der heiligen Rechte der Kirche ohne
Zänkereien disputire, sondern mit Bescheidenheit und Mässigung,
so dass der Schriftsteller eher durch das Gewicht der Gründe, als
durch die Heftigkeit und bissige Schärfe der Schreibart obsiege,"
können gewiss nur von der Polemik zwischen Katholiken und Katholiken über die beste Weise, ihrer gemeinsamen Sache zu dienen,
verstanden werden, keineswegs aber von der Polemik zwischen
Katholiken und den geschwornen Feinden des Katholicismus, wie
es eben die ausdrücklichen und zielbewussten Anhänger des Liberalismus sind.

Der Beweis hiefür springt in die Augen, sobald man nur den
Zusammenhang der erwähnten werthvollen Encyclika beachtet.

Der Papst empfiehlt darin, dass zwischen den katholischen
Vereinen und den einzelnen Katholiken einträchtige Beziehungen
unterhalten werden; und nachdem er die Vortheile einer solchen
Eintracht abgewogen, gibt er als das hauptsächlichste Mittel, sie zu
bewahren, die schonende Mässigung in der Schreibweise an, die wir
soeben angedeutet haben.

Daraus ergibt sich ein Beweis, der jedem Einwand den Riegel
vorschiebt.

Der Papst empfiehlt den katholischen Schriftstellern einen gemässigten Stil, damit derselbe ihnen helfe, den Frieden und die
gegenseitige Eintracht zu bewahren. Nun aber kann der Papst
diesen Frieden und gegenseitige Eintracht nur zwischen Katholiken und Katholiken verlangen, nicht aber zwischen Katholiken und
Feinden des Katholicismus. Also bezieht sich die Milde und die
Mässigung, die der Papst den Schriftstellern anbefiehlt, einzig auf
die Polemik der Katholiken unter sich, niemals aber ist sie zwischen
Katholiken und den Sectirern des liberalen Irrthums statthaft.
Diese Auslegung lässt sich noch deutlicher als die wahre erkennen,
wenn wir Folgendes beachten: Der Papst schreibt diese schonende
Mässigung vor als ein Mittel, das jene Eintracht zum Zwecke hat;

daher muss dieses Mittel von dem Zwecke, zu dem es führen soll, bestimmt werden. Nun aber ist dieser Zweck eben nur die Eintracht unter den Katholiken, niemals aber (denn das wäre ungereimt) unter Katholiken und Feinden des Katholicismus. Also kann man auch jene Mässigung auf kein anderes Gebiet ausdehnen.

25.

Ein geharnischter Artikel der Civiltà Cattolica bekräftigt das soeben Gesagte.

Wir bezweifeln, ob Jemand diesem Beweise sich entwinden könne, weil er eben jeden Ausweg verrammelt. Aber da die Materie, welche wir behandeln, von hoher Wichtigkeit, und in neuester Zeit der Gegenstand eines hitzigen Streites geworden ist, und da überdies unsere Autorität von zu geringem Gewichte ist, um ein entscheidendes Urtheil abzugeben, so werden unsere Leser uns gestatten, zur Bekräftigung unserer Lehren ein gewichtiges Urtheil, eine Stimme von viel mehr anerkanntem, um nicht zu sagen von unbestreitbarem Ansehen, an dieser Stelle anzuführen.

Es ist dies das Urtheil der *Civiltà cattolica* einer der hervorragendsten religiösen Zeitschriften der Welt, welche zwar nicht in ihrer Redaction, wohl aber in ihrem Ursprunge officiell ist, da sie durch ein besonderes Breve von Pius IX. gegründet, und von ihm den Vätern der Gesellschaft Jesu anvertraut wurde. Diese Zeitschrift, welche mit ihren bald ernsten, bald satyrischen Artikeln den Liberalen ihres Landes (Italien) keine Ruhe lässt, sah sich zu verschiedenen Malen wegen Mangel an Liebe von eben diesen Liberalen getadelt. Zur Erwiederung auf diese pharisäische Salbaderei über Mässigung und Liebe veröffentlichte sie einen köstlichen Artikel voll Witz und tiefer Philosophie. Wir setzen ihn hieher zur Beruhigung und zum Troste der Liberalen und zur Enttäuschung so vieler armen Katholiken. die den Liberalen die Schleppe tragen und an unserm verwünschten Mangel an Mässigung beständig Aergernis nehmen.

Der Artikel ist überschrieben: „Ein wenig Liebe, oder die Liberalen auf der Bettelei", und lautet also:

„*De Maistre* sagt, dass die Kirche und die Päpste für ihre Sache einzig Wahrheit und Gerechtigkeit verlangen. Dem ganz entgegengesetzt wissen die Liberalen vermöge eines gewissen heilsamen Schreckens, den sie natürlicher Weise vor der Wahrheit haben müssen, nichts Anderes als die Liebe in Anspruch zu nehmen.

„Es sind nun zwölf Jahre, dass wir auf unsere Unkosten hin dem merkwürdigen Schauspiele der liberalen Italiener beigewohnt haben, die da in weinerlichem Tone ununterbrochen, in ekelhafter, frecher Weise unsere Nächstenliebe anbetteln und mit ausgebreiteten Armen, in Prosa und in Versen, in Broschüren und Zeitungsblättern, in öffentlichen und privaten, anonymen und pseudonymen Briefen direkt oder indirekt anflehen, dass wir doch um des Himmels Willen ihnen ein wenig Liebe erzeigen, dass wir doch nicht den Nächsten auf ihre Kosten lachen machen, dass wir ihre Schriften doch ja nicht so umständlich und so genau untersuchen möchten, dass wir nicht ihren herrlichen Grossthaten nachspüren, dass wir für ihre Schnitzer, Solöcismen, Schelmereien, Lügen, Verläumdungen und Verdrehungen weder Aug' noch Ohr' haben möchten, dass wir — in einem Worte — sie in Ruhe lassen wollen.

„Denn am Ende ist die Liebe Liebe; und wenn die Liberalen keine bezeigen, so ist das selbstverständlich eben nicht ihre Sache: wenn aber wir Schriftsteller der *Cività Cattolica* sie nicht bezeigen, dann ist's etwas ganz Anderes.

„Eine gerechte Strafe Gottes ist es, dass die Liberalen, welche stets die öffentliche Bettelei so sehr verabscheuten, dass sie dieselbe an sehr vielen Orten sogar unter Gefängnissstrafe verboten, nun selbst gezwungen sind, sich öffentlich auf's Betteln zu verlegen, indem sie von Thüre zu Thüre bei den ärmsten Ultramontanen um ein wenig Liebe anflehen.

„Mit dieser ihrer erbaulichen Bekehrung zur Liebe des Bettelhandwerkes scheinen die Liberalen jene andere ebenso berühmte und ebenso erbauliche Bekehrung eines reichen Geizhalses zur Tugend des Almosengebens nachgeahmt zu haben. Dieser ging einst, um die Luft des Hauses zu sparen, in die Kirche, wo es sich eben traf, dass in der Predigt sehr inständig zum Almosengeben ermahnt wurde. Er war davon sichtlich ergriffen, so dass er bekehrt schien; und in der That, die Predigt hatte ihm sehr gefallen: denn (wie er beim Verlassen der Kirche zu sich sagte) es ist nicht möglich, dass die guten Christen, die das angehört haben, von nun an mir nicht von Zeit zu Zeit Etwas aus Nächstenliebe zukommen lassen. Ebenso machen es unsere allzeit **bewunderungswürdigen** liberalen **Italiener**. Nachdem sie in ihren **Thaten und** Schriften (ein **Jeder nach seinen** Kräften) bewiesen. dass **sie mit** der Nächstenliebe soviel zu schaffen haben als der **Teufel** mit dem Weihwasser, gehen sie in sich, sobald **sie** von derselben reden **hören, und** erinnern sich, dass es Etwas in **der** Welt gebe, was **man die** Tugend der Nächstenliebe nenne, und **dass** diese ihnen gelegentlich zu Statten **kommen** könnte; sogleich schwärmen sie für dieselbe und halten mit flehendlicher Stimme darum **an** beim Papste, **bei den** Bischöfen, beim **Clerus**, bei den Ordensleuten, bei den Zeitungsschreibern, bei Allen **und** auch bei uns Redactoren der *Civiltà Cattolica*.

„Es ist köstlich zu hören, **welch'** schöne Gründe sie **hiefür an**zuführen wissen. Will man ihnen Glauben schenken, so sprechen sie durchaus **nicht aus** Eigennutz, bewahr Gott! sondern einzig zum **Interesse unserer** hl. Religion, welche **ihnen** so **sehr am** Herzen **liegt und die eben durch jene** lieblose Weise, womit wir sie zu **vertheidigen behaupten, sehr** benachtheiligt **wird**. Sie sprechen zu **Gunsten der Reactionäre selber und** besonders (wer würde es glauben!) **für uns** Redactoren **der Civiltà cattolica**. „Was nöthigt Euch denn **(reden sie** im vertraulichen **Tone uns an)** was nöthigt Euch **die Reibereien** anzuzetteln? **Habt Ihr denn** nicht genug Feindschaften, **um** Euch **mit denselben** herumzubalgen? Lasset die Anderen leben und **man** lässt **auch** Euch **leben**. Wer verlangt denn **von Euch,** dass Ihr **das** Hundeamt verstehet und immer lauert und **den** Dieb anbellet? **Wenn** Ihr einmal dafür tüchtig geprügelt werdet. so **habt** Ihr es blos **Euch** zuzuschreiben, weil Ihr es ja gerade absichtlich **so gewollt habt?"**

„Diese **weisen und** uneigennützigen Worte haben keinen andern Fehler als den, dass **sie nämlich** den Worten des Polizeicommissärs im bekannten Roman **Manzoni's** „Die Verlobten" aufs Haar ähnlich sind; als dieser nämlich einsah, dass er an Renzo Tramaglino mit Zwangsmassregeln übel fahre, suchte er mit Güte denselben in's Gefängnis zu **führen** mit den Worten „glaubt mir, denn ich verstehe mich auf **solche** Dinge. Geht geradeaus **und** ganz sachte, ohne Euch nach rechts oder links umzuschauen, ohne Euch sehen zu lassen, so wird **Euch** Niemand beachten, Niemandem wird etwas **von der Sache** auffallen und Ihr rettet **Eure** Ehre."

„Aber **Manzoni** bemerkt hier, **dass Renzo von** so vielen schönen Worten auch nicht eines glaubte und dass der Commissär demselben keineswegs Wohlwollen entgegenbrachte, noch dessen Ehre und guten Namen im Auge hatte, vielweniger dem Renzo zu helfen beabsichtigte; so dass all' jene Ermahnungen nur dazu dienten, Renzo desto mehr in seinem Vorsatze zu befestigen, gerade das Gegentheil zu thun.

„Auch wir (offen gesagt) sind sehr versucht, diesen Vorsatz zu fassen. Denn wir können uns nicht überreden, dass es den Liberalen etwa um den Schaden zu thun sei, den wir der Religion verursachen, noch auch glauben wir, dass sie sich um unsere eigentlichen Interessen bekümmern. Wir glauben im Gegentheil, dass die Liberalen, wenn sie wirklich der Ansicht wären, unsere Schreibweise beeinträchtige die Religion oder auch nur uns selber, sich wohl hüten würden uns davor zu warnen, sondern vielmehr uns dazu mit ihrem Beifalle und vielleicht auch mit Unterstützungen aufmuntern würden.

„Wenn sie die Eiferer spielen und uns bitten, einen anderen Ton anzuschlagen, so ist (oder scheint uns wenigstens) dies ein augenscheinliches Zeichen, dass die Religion dabei wenigstens nicht unsertwegen zu Grunde geht und dass unsere Schriften wenigstens gelesen werden, was für Schriftsteller von Beruf immer einigen Trost bietet.

„Was also unser Interesse und das Nützlichkeitsprincip anbelangt, so haben die Liberalen, so sehr sind sie mit Fug als grosse Meister in dem Fache anerkannt, den Ruf, dieses Princip mehr zu ihrem, als zu unserem Vortheile angewendet zu haben. Und so erlauben wir uns auch künftighin der Meinung zu sein, welcher wir bislang waren, dass nämlich bei diesem ganzen Geschäfte, das sich um unsere Art die Feder gegen sie zu führen dreht, am meisten Nachtheil wir erleiden und nicht die Religion.

„Da wir unserer bescheidenen Meinung Ausdruck verliehen haben, und da die Gründe, welche von den Liberalen nur zu ihren eigenen Gunsten gegen unsere Schreibweise angeführt werden und die man schliesslich innere und vom Nützlichkeitsprincip unabhängige Gründe nennen könnte, schon öfters in den früheren Serien der Civiltà cattolica widerlegt wurden, so würde uns hier nichts Anderes übrig bleiben, als diese Bettler neuern Schlages liebevoll im Frieden zu verabschieden mit dem Ersuchen, in Zukunft den Advocaten in eigener Sache mit besserer Kunst zu spielen, als jene war, welche der alte Scherge des sechzehnten Jahrhunderts an Renzo versuchte. Weil sie aber nicht ablassen zu betteln und neulich noch in Perugia eine Broschüre, betitelt „Was ist die sogenannte katholische Partei?"

veröffentlicht haben, worin sie nichts Anderes zu thun wissen, als
die *Civiltà cattolica* in frommer Weise um ein bischen Nächstenliebe
anzubetteln, so wird es nicht schaden, **wenn wir** noch einmal **im
Anfange** dieser fünften Serie **die alten Antworten** auf die alten Ein-
würfe wiederholen. Es wird auch **schon** dieses ein Liebeswerk sein;
zwar nicht jenes, um das uns **die** Liberalen angehen, aber dennoch
ein Liebeswerk, dass gewiss sein **Verdienst hat,** jenes nämlich, dass
wir sie — **wir** wissen nicht **ob** zum fünfzigsten oder hundertsten
Male — geduldig anhören. Es scheint **uns, dass dies jener** demüthig
flehendliche **Ton** verdiene, **mit** dem sie seit **einiger Zeit** bei uns
um **ein wenig** Nächstenliebe anhalten."

26.
Fortsetzung des angeführten Artikels der Civiltà Cattolica.

„Wenn sie **von uns die wahre Liebe verlangten,** nämlich jene,
die sie **nöthig haben und welche** wir in unserer Eigenschaft **als**
Redactoren der *Civiltà Cattolica* **einzig und allein** ihnen bezeigen
können und bezeigen müssen, **so wären wir soweit** entfernt, ihnen
dieselbe zu versagen, **dass wir vielmehr glauben,** dieselbe, wenn
nicht nach ihrem Bedürfniss, **so doch** nach **unserm** Vermögen ihnen
bis jetzt bereits erwiesen **zu haben.** Daher ist **es** ein unerträglicher
Missbrauch der Worte, **wenn die** Liberalen sagen, dass wir **ihnen**
keine Liebe bezeigen. **Denn** obschon die Liebe in ihrem **Ursprunge**
blos Eine ist, so ist **sie** dennoch vielfach verschieden **in ihrem**
Wirken. **Es legt gerade so viel** Liebe jener Vater an den **Tag,** der
seinen Sohn schlägt, **als jener,** der ihn küsst. Es kommt eben ganz
darauf an, dass man **Alles** zur rechten Zeit **thue. Und so ist** sehr
möglich, dass oft jener Vater, **der sein Kind küsst,** dasselbe weniger
liebt, als jener, **der es** schlägt. **Wir schlagen die Liberalen,** das
lässt **sich** nicht leugnen, und **wir schlagen sie öfters,** selbstverständlich mit Worten. Aber könnte man deswegen sagen, dass **wir**
sie nicht lieben; dass wir **für sie** keine Nächstenliebe haben? Dies
könnte blos von **Jenen** behauptet werden, welche die Absichten
Anderer **gegen das Gebot der Liebe schlecht** auslegen. Das Einzige
was sie von uns **mit Grund** sagen können, ist, dass wir den Liberalen
nicht jene Liebe **bezeigen,** die sie **gerade** wünschen. Aber **deshalb**
üben wir dabei dennoch Liebe über **Liebe, und weil sie** es sind,

welche die Nächstenliebe beanspruchen und wir sie ihnen unentgeltlich schenken, so dürften sie sich wohl an jenes Sprichwort erinnern, das da lautet: „Einem geschenkten Gaul schaut man nicht in's Maul."

„Sie verlangen von uns eine Liebe, welche sie lobet, bewundert, sie auf den Händen trägt, unterstützt oder wenigstens ruhig gehen und gewähren lässt. Wir hingegen üben an ihnen das Liebeswerk, dass wir sie tadeln, zurechtweisen und auf jede Art ermahnen, vom Wege des Bösen zurückzukehren. Wenn die Liberalen eine Lüge sagen, eine Verleumdung ausstreuen, fremdes Gut an sich ziehen, so muthen sie uns zu, diese Kleinigkeiten mit dem Mantel der Liebe zu bedecken. Anstatt dessen schelten wir sie Schelme, Lügner, Verleumder, und erweisen ihnen auf diese Weise die ausgesuchteste Liebe, die es gibt, nämlich jenen nicht zu schmeicheln, denen man wohl will. Begehen sie Schnitzer in der Grammatik, der Orthographie, der Sprache, der Logik, so wollen sie, dass wir thäten, als ob wir nichts davon sehen würden, und beklagen sich, wenn sie öffentlich darauf aufmerksam gemacht werden, dass es uns an Nächstenliebe fehle. Wir hingegen erweisen ihnen die Gefälligkeit, ihnen einen sehr deutlichen Wink zu geben, dass sie anstatt grosse Meister zu sein, wie sie sich gerne einbilden, nicht einmal mittelmässige Schüler sind, und so suchen wir nach Kräften in Italien die Pflege der schönen Wissenschaften, und in den Herzen der Liberalen die Uebung der christlichen Demuth zu fördern, worin sie bekanntlich einen Ueberfluss an Mangel haben.

„Besonders möchten die Liberalen, dass wir ihnen immer mit Ernst, Hochachtung und Ehrfurcht begegnen, kurz, sie als Männer von hoher Bedeutung behandeln, auch wenn sie noch so Unrecht haben. Sie würden sich noch zufrieden geben, widerlegt zu werden, wenn man nur in der demüthigsten Stellung vor ihnen stände mit dem Hut in der Linken, die Rechte auf der Brust und das Haupt geneigt, um in der tiefsten Ehrfurcht zu ersterben. Daher beklagen sie sich arg, dass sie zuweilen lächerlich gemacht werden, sie, die da die Väter des Vaterlandes, die Helden des Jahrhunderts, die wahren Italiener, ja Italien selber sind, wie sie aus Liebe zur Kürze zu sagen pflegen. Aber wer ist Schuld daran, wenn diese ihre Behauptung an sich selber schon so lächerlich ist, dass sogar Heraklit herzlich darüber lachen müsste? Warum sollten also wir die natürliche, unwillkürliche Bewegung der Lachmuskeln unterdrücken?

Jemanden lachen lassen, wenn er es nicht verhalten kann, ist auch ein Werk der Barmherzigkeit, das die Liberalen wohl gerne üben könnten, zumal da es ihnen nichts kostet. Wenn übrigens die Liberalen sich einmal überzeugen wollten, dass ausser ihnen auch noch andere Menschen auf der Welt leben, so würden sie auch begreifen, dass es sittlich durchaus erlaubt ist, sich auf Kosten des Lasters und der Lasterhaften hie und da in rechter Weise lustig zu machen; gemäss jenes Spruches: *castigat ridendo mores*, und gemäss jenes andern: *ridendo dicere verum quis vetat?* würden ferner begreifen, dass es ein Werk der Liebe und Barmherzigkeit gegen unsere Leser ist, wenn wir sie zuweilen auf Kosten der Liberalen lachen machen, da unsere Freunde beim Lesen einer Zeitschrift auch nicht immer angestrengt und gespannt sein können wie eine Violinseite. Und schliesslich gewinnen bei diesem Gelächter der Andern auch die Liberalen etwas, wenn sie es recht überdenken; denn auf diese Weise kommt alle Welt zur Erkenntnis, dass doch nicht alle ihre Fehler gar so schrecklich sind, als es den Anschein haben könnte; da ja Alle wissen, dass das Lachen blos aus dem unschuldig Hässlichen entsteht.

„Warum also wissen sie uns keinen Dank dafür, dass wir beweisen, dass wenigstens einige ihrer Hässlichkeiten und Streiche naiver und unschuldiger Natur sind? Und warum sehen die Liberalen ferner nicht ein, dass es kein wirksameres Mittel gibt, sie dahin zu bringen, einige ihrer Lächerlichkeiten abzulegen, als gerade dieses Lachen, in das jeder ausbrechen muss, welcher diese Lächerlichkeiten in das rechte Licht gestellt sieht? Und warum merken sie endlich nicht, wie sie keineswegs zur Vermuthung berechtigt sind, dass wir in diesem Falle weniger als in den andern aus dem einzigen Beweggrunde der Nächstenliebe handeln?

„Wenn sie das Leben ihres grossen Victor Alfieri gelesen hätten, das er selber geschrieben, so würden sie wissen, dass, als derselbe noch ein kleiner Knabe war, seine ihn zärtlich liebende Mutter bei jedem grösserem Fehltritte ihn mit der Schlafmütze auf dem Kopfe zur Messe schickte. Und Alfieri erzählt, dass diese Strafe, die ihn doch nur ein wenig lächerlich machte, „dergestalt mich betrübte, „dass ich nachher länger als drei Monate tadellos mich verhielt. Deshalb „kehrte ich bei jedem Schatten eines Fehltrittes, sobald man mir „die gefürchtete Schlafmütze androhte, sofort zitternd zur Pflicht zu-„rück. Als ich dann dennoch schliesslich in einen ungewöhnlichen „Fehler fiel, zu dessen Entschuldigung ich der Frau Mutter eine „Erzlüge vorbrachte, ward ich neuerdings zum Tragen der Schlaf-

„mütze verurtheilt. Endlich kam die Stunde: die Schlafmütze wurde
„mir aufgesetzt, weinend und heulend musste ich mich auf den Weg
„machen, vom Lehrer beim Arme fortgerissen und vom begleitenden
„Diener vorwärtsgestossen." So sehr er aber heulte und weinte
und um Mitleid flehte, so war die Mutter, obschon sie ihm wohl-
wollte, dennoch unerbittlich. Und was war die Folge davon?
„Diese", sagt Alfieri, „dass ich sehr geraume Zeit keine Lüge mehr
„sagte; und wer weiss, ob ich es nicht jener gesegneten Schlaf-
„mütze verdanke, dass ich in der Folgezeit einer der grössten Feinde
„der Lüge geworden bin, die mir bekannt sind." In diesem letzten
Satze zeigt sich der pharisäische Liberale, der sich immer für besser
als andere Leute hält. Aber warum sollten wir, die wir glauben
müssen, dass alle unsere liberalen Italiener die erhabenen Gesinnungen
ihres grossen Alfieri theilen, nicht auch der Hoffnung leben, dass
sie nach und nach sich abgewöhnen könnten, wenn auch nicht
gerade Lügen zu sagen, so doch deren zu viele zu drucken, wenn
wir nämlich unerbittlich ihnen die ihnen gebührende S c h e l l e n-
k a p p e aufstülpen und sie trotz ihres Heulens und Weinens und
ihres Flehens um Mitleid, wenn nicht gerade zur heiligen Messe
schicken — was unmöglich ist — so doch wenigstens zu einem
Eselsritt durch Italien zwingen? Zwar nicht sofort als ihren Lippen
eine E r z l ü g e entwischt — welcher Fall zu häufig vorkäme —
aber wenigstens dann, wenn sie deren Tausende auf ein Mal in
Druck geben?

　　„Es sollten also die Liberalen aufhören sich zu beklagen, dass
wir ihnen keine Nächstenliebe bezeigen. Vielmehr sollten sie, wenn
sie wollen, sagen, dass die Liebe, die wir ihnen thatsächlich erweisen, ihnen nicht behagt. Dies wussten wir bereits. Aber es
beweist dieses nur ihren verdorbenen Geschmack und das Bedürfnis
mit jener weisen Liebe behandelt zu werden, die ein Chirurg an
den Kranken, ein Irrenarzt an den Verrückten, eine verständige
Mutter an ihren lügenhaften Kindern übt.

　　„Aber wenn es auch wirklich wahr wäre, dass wir den Liberalen
keine Nächstenliebe erweisen, und dass sie uns für Nichts zu danken
haben, so hätten sie dennoch deswegen kein Recht, sich über uns
zu beklagen. Denn Jedermann weiss, dass man nicht aller Welt
Liebesdienste erweisen kann. Unsere Mittel (könnten wir in modernem
Stile sagen) sind sehr beschränkt: wir üben die Nächstenliebe nach
dem Masse unserer Kräfte und ziehen, wie's die Pflicht erheischt,
Jene vor, welche die Richtschnur der wohlgeordneten Liebe uns

vorzuziehen lehrt, wenn nicht mit der zärtlichen Neigung, so doch mit (der Wirkung) der Liebe im Werke. Wohl verstanden, wir behaupten, dass wir den Liberalen jene Nächstenliebe bezeigen, die wir ihnen bezeigen können; und wir glauben dies bereits bewiesen zu haben. Aber gesetzt, dass wir ihnen gegenüber diese Liebe nicht an den Tag legten, so würden wir auch dann noch darauf bestehen, dass die Liberalen keinen Grund zu Klagen hätten. Ein sehr passender Vergleich soll es veranschaulichen. Ein Räuber überfällt einen armen, unschuldigen Wanderer, und da er eben im Begriffe ist, sein Messer an dessen Kehle zu setzen, kommt zufällig ein dritter hinzu. Dieser versetzt dem Räuber mit einem Prügel flugs einen tüchtigen Hieb auf den Schädel, wirft ihn zu Boden, bindet ihn, überantwortet ihn der Gerechtigkeit und rettet so einen Unschuldigen vom Tode und bewahrt die Gesellschaft vor einem elenden Strolche. Hat er sich gegen die Liebe verfehlt? Gewiss, wenn wir auf den Banditen hören, den vielleicht noch der Kopf schmerzt; da er sich wahrscheinlich beklagen wird, dass die Nothwehr überschritten worden sei, dass der Hieb zu stark gewesen, dass es nicht so viel gebraucht hätte. Aber mit Ausnahme des Räubers werden Alle den tapfern Wandersmann loben und sagen, dass er einen Act des Muthes sowohl als der Nächstenliebe verrichtet, freilich nicht an dem Räuber, aber an dem Opfer. Dass er, um den Einen zu retten, den Andern am Kopfe verwundete, ohne Zeit zu haben den Hieb wohl abzumessen, das that er sicherlich nicht aus Mangel an Liebe, sondern weil der Fall so dringend war, dass er dem Einen einen so grossen Liebesdienst nicht erweisen konnte, ohne den Andern mit dem Stocke zu schlagen und zwar ohne gerade zu genau und haarscharf die Grenzen der Nothwehr zu achten.

„Wir kommen zur Anwendung dieser Parabel. Es erscheint z. B. ein schlechtes, schmähsüchtiges verläumderisches Buch, voll des Aergernisses, gerichtet gegen die Kirche, gegen den Papst, gegen die Geistlichkeit, gegen alles Gute. Sehr viele glauben, dass in jenem Buche Alles lautere Wahrheit sei, da es ja von jenem berühmten, von jenem ausgezeichneten, von jenem tadellosen Manne, heisse er wie er wolle, verfasst sei. Wenn nun Jemand kommt und dem Verfasser allerdings zu Leibe rückt, aber die Ehre der Verleumdeten rettet und die Leser jenes Buches vor dem Irrthum bewahrt, wird er sich gegen die Liebe verfehlt haben?

Nun aber können die Liberalen nicht in Abrede stellen, dass

sie weit öfters in der Lage der Strassenräuber, als in jener der überfallenen Opfer sich befinden. Was Wunder also, wenn sie manchmal auch übel ankommen und eine Tracht Prügel davon tragen? Was Wunder, wenn sie so oft über Lieblosigkeit jammern? Mögen sie es einmal versuchen, sich nicht als so ingrimmige Raufbolde zu geberden; mögen sie, wenn sie es dazubringen können, doch die schöne und gute Gewohnheit annehmen, anderer Leute Habe und guten Namen nicht anzutasten; möchten sie doch nicht so oft und so frech lügen, ihre Lästerzunge im Zaume halten: möchten sie doch ein wenig denken, bevor sie so kopflos über Alles aburtheilen; setzten sie sich doch nicht so tollkühn über Logik und Grammatik hinweg; und vor Allem möchten sie doch ehrlich sein, wie ihnen unlängst der Baron von Ricasoli rieth, freilich mit wenig Hoffnung auf guten Erfolg (trotz des Ansehens und des Beispiels dieses Rathgebers); und dann können sie mit Recht sich beklagen, wenn sie nicht mit jener tiefen Ehrfurcht behandelt werden, deren Monopol, so wie dasjenige der Freiheit, sie beanspruchen.

„Aber weil sie so schändlich und erbärmlich handeln und schreiben, und besonders weil sie, ich weiss nicht, ob mehr durch ihre Handlungen oder ihre Bücher, die Wahrheit und die Unschuld meuchlings überfallen und beständig der einen wie der andern das Messer an die Kehle setzen, um beiden den Garaus zu machen, so müssen sie es uns natürlich übel nehmen, wenn wir ihnen in diesen Zeilen keine andere Liebe bezeigen können, als jene etwas harte, welche aber dennoch, trotz ihrer gegentheiligen Ansicht, nach unserem Bedünken nicht weniger ihnen selbst, als der Sache der ehrlichen Leute von Vortheil ist.

27.

Schluss des trefflichen und entscheidenden Artikels der Civiltà Cattolica.

„Wir haben bisher gegen die Liberalen unsere Art, wider sie zu schreiben, vertheidigt und gezeigt, dass sie durchaus nicht im Widerspruche mit jener Nächstenliebe steht, die sie uns beständig so warm anempfehlen. Und da wir bisher mit den Liberalen gesprochen haben, so wird sich Niemand über den etwas ironischen Ton wundern, den wir bisher angewendet; denn es scheint uns eben keine zu grosse Grausamkeit, den Aussprüchen und Handlungen des

Lügenliberalismus eine kleine Vertheidigung mit rhetorischen Figuren entgegenzustellen. Aber da wir einmal diesen Gegenstand berührt haben, so wird es vielleicht nicht unnütze sein, wenn wir, wie billig, einen andern Ton anschlagen und, indem wir hier wiederholen, was wir anderswo bei ähnlichem Anlasse geschrieben haben, schliesslich noch einige Worte in ernster und ehrerbietiger Weise an Jene richten, welche, weit entfernt liberal zu sein, den Liberalismus vielmehr entschieden bekämpfen, dennoch vielleicht meinen könnten, dass man niemals, gegen wenn immer man die Feder führe, jene Würde und Liebe ausser Acht lassen dürfe, welcher, wie sie etwa glauben könnten, der von uns angewandte Styl zuweilen nicht entsprochen habe.

„Auf diesen Tadel wollen wir etwelche Erwiederung geben, sei es aus schuldiger Achtung vor ihnen, sei es wegen einer bescheidenen Vertheidigung unserer Sache. Wir glauben keine bessere geben zu können, als wenn wir diejenige des P. Mamachi aus dem Predigerorden kurz im Auszuge wiedergeben, die er zu seiner Vertheidigung weitläufiger vorbrachte in der Einleitung zum dritten Buche seines sehr gelehrten Werkes: Das freie Recht der Kirche, zeitliches Gut zu erwerben und zu besitzen. — „Obschon Manche“, sagt er, „bekennen, dass unsere Gründe sie befriedigten, so erklärten sie dessenungeachtet in freundschaftlicher Weise, sie hätten in unsern Erwiederungen gegenüber unsern Gegnern mehr Mässigung gewünscht. Wir haben nicht gekämpft für uns selber, sondern für die Sache des Herrn und der Kirche: und obwohl man unsern guten Namen, wie Jedermann weiss, mit offenbaren Lügen und abscheulichen Verleumdungen zerfetzt hat, so ist dennoch nicht einmal ein Wort zur Vertheidigung unserer Person über unsere Lippen gekommen. Wenn wir uns nichtsdestoweniger irgend welchen Ausdruckes bedienten, der Manchem hart und verletzend scheinen könnte, so wolle man uns nicht das Unrecht anthun zu denken, dass dies von einem Groll oder von einem Unwillen gegen die Schriftsteller herrühre, die wir bekämpfen, da wir von ihnen nicht nur keine Beleidigung empfangen, sondern nicht einmal mit ihnen verkehrt, oder sie gekannt haben. Der Eifer, den wir alle für das Haus Gottes haben müssen, hat uns bewogen zu rufen und die Stimme zu erheben gleich einer Posaune.“

„Aber der Charakter des Ehrenmannes? Die Gebote der Liebe? Aber die Lehren und Beispiele der Heiligen? Die Vorschriften der Apostel? Der Geist Jesu Christi?

Sachte, nur sachte! Es ist wahr, dass man die Verirrten und
auf Abwege Gerathenen mit Liebe behandeln müsse, aber es muss
gegründete Hoffnung vorhanden sein, sie mit diesem Mittel zur
Wahrheit zu führen. Ist diese gegründete Hoffnung nicht vorhanden,
und ist vor Allem noch durch die Erfahrung erwiesen, dass wenn
wir ruhig zusehen und schweigen und nicht öffentlich aufdecken,
wessen Geistes Kind derjenige sei, der die Irrthümer und Irrlehren
aussät, dies den Völkern zum unberechenbaren Schaden gereiche,
dann ist es Grausamkeit, nicht freimüthig die Stimme gegen sie zu
erheben, und ihnen jenen verdienten Tadel zu ersparen.

„Die hl. Väter hatten eine vollkommene Kenntniss der Vorschriften der christlichen Nächstenliebe. Und doch nennt der Engel
der Schule, der hl. Thomas, gleich im Anfange seiner berühmten
Schrift „Gegen die Anfechter der Religion" den Wilhelm
von Saint-Amour und seine Anhänger. obschon sie noch nicht durch
ein ausdrückliches Decret von der Kirche verdammt worden, Feinde
Gottes, Diener des Teufels, Glieder des Antichrist,
Feinde des Heils des Menschengeschlechts, Verleumder, Ruchlose, die da Gotteslästerungen ausstreuen, Verkehrte, Verworfene, Unwissende, Gesinnungsgenossen Pharaos, schlimmer denn Jovinian
und Vigilantius. Sind wir etwa soweit gegangen?

„Der hl. Bonaventura, ein Zeitgenosse des hl. Thomas, hielt
es für seine Pflicht, den Gerald hart anzufahren und schalt ihn
einen Widerspänstigen, Lästerer, Unsinnigen, Gottlosen, der Thorheiten auf Thorheiten häuft, Verleumder, Betrüger, Giftmischer fleischlicher Begierden,
Unwissenden, Lügner, Uebelthäter, Vermessenen,
Tollen, Treulosen. Haben wir vielleicht unsere Gegner so
betitelt?

„Wohl mit Recht wird der hl. Bernhard der honigfliessende genannt. Wir übergehen, was er in harter und empfindlicher Weise
gegen Abelard geschrieben; wir beschränken uns auf das, was er
gegen Arnold von Brescia schrieb, weil dieser, indem er die Fahne
gegen die Geistlichkeit erhoben und getrachtet hatte, sie ihrer Ein-
künfte zu berauben, einer der Vorläufer unserer modernen politischen
Kannegiesser war. Er behandelt ihn als einen Liederlichen,
Zügellosen, Landstreicher, Verführer, als ein Gefäss
der Schmach, nennt ihn Scorpion, welchen Brescia
ausgespieen, Rom zum Entsetzen, Deutschland zum

Abscheu, vertrieben vom Papste, mit dem Teufel hungernd, Ungerechtigkeit verübend, des Volkes Untergang, Sämann der Zwietracht, der das Maul voll Fluch und Verwünschungen hat, heisst ihn Anstifter von Kirchentrennungen, dessen Zähne Waffen, dessen Zunge ein Schwert, einen reissenden Wolf.

„Als der hl. Gregor der Grosse dem Johannes, Bischof von Constantinopel, einen derben Verweis gab, zieh er ihn einer verruchten, weltlichen Aufgeblasenheit, eines luziferianischen Stolzes, der Anmassung thörichter Wörter, der Eitelkeit, der Böswilligkeit.

„Keiner andern Sprache bedienten sich die Heiligen Fulgentius, Prosper, Hieronymus, Papst Siricius, Johannes Chrysostomus, Ambrosius, Gregor von Nazianz, Basilius, Hylarius, Athanasius, Alexander von Alexandrien, die hl. Märtyrer Cornelius und Cyprian, Justin der Märtyrer, Athenagoras, Irenäus, Polykarp, Ignatius der Märtyrer, Clemens, kurz sämmtliche hl. Väter, welche in den glücklichsten Zeiten der Kirche sich durch die heroische christliche Nächtenliebe hervorthaten.

„Ich will die Beschreibung der kaustischen Mittel übergehen, welche dieselben gegenüber gewissen Sophisten ihrer Zeit in Anwendung brachten, die noch nicht so wahnsinnig waren, wie unsere neueren im Fache der Theologie, und von weniger seltsamen und weniger heftigen politischen Unruhen angetrieben wurden.

„Ich will bloss einige Stellen vom hl. Augustin anführen, welcher bemerkt, dass die neuerungssüchtigen Irrlehrer ebenso unverschämt sind als sie keinen Tadel dulden können, und dass viele eine Zurechtweisung übel aufnehmen und diejenigen zank- und streitsüchtig heissen, von denen sie einen Verweis bekommen; und er fügt endlich hinzu, man müsse einige Verirrte mit einer gewissen liebevollen Härte behandeln. Nun lasst uns sehen, wie er diese seine Worte befolgt habe. Einige nennt er Verführer, Verbrecher, Blinde, Thoren, aufgeblasen von gottlosem Hochmuthe, Verläumder; andere schilt er Lügner, deren Munde Ungeheuer von Lügen entströmen, Ungerechte, Niederträchtige, Lästerer, Verrückte; wieder Andere heisst er höchst thörichte Schwätzer, Wüthende, Wahnwitzige, stockfinstere Geister, scham-

lose Stirnen, dreiste Zungen. Und Julian ruft er zu: Entweder verleumdest du mit Wissen, indem du solche
Dinge aus der Luft greifest, oder du weisst nicht was
du sagst. indem du Lügnern Glauben schenkest; und
nennt ihn einen Verschmitzten, Lügner, der nicht richtig
im Kopfe, Verleumder, Thoren.

„Nun sollen unsere Ankläger sagen: Haben wir etwas mehr
gesagt und nicht eher viel weniger? —

„Dieser Auszug aber soll genügen. Wir haben uns dabei nicht
unsrer eignen Worte bedient, wohl aber viele des P. Mamachi aus-
gelassen, unter andern die Anführung der Stellen aus den hl. Vätern.
und zwar blos der Kürze halber, die uns auch bewogen, jenen
übrigens höchst gewichtigen Theil der Vertheidigung nicht zu berühren, in welchem Mamachi ähnliche, dem Evangelium entnommene
Beispiele einer liebevollen Härte anführt.

„Aber schon aus den Beispielen. auf die wir uns berufen haben,
können unsere muthmasslichen geehrten und liebreichen Tadler
füglich entnehmen, dass der Grund, auf den sich ihr vermeintlicher
Tadel stützt, — welcher Art dieser Grund auch sei, möge er sich
herleiten von einem Grundsatz der Sittenlehre, oder von einem gewissen Sinn für gesellschaftliche und literarische Schicklichkeit und
für Anstand, — wenn nicht vollständig widerlegt durch das Beispiel so vieler Heiligen, die zugleich ausgezeichnet gebildet und gelehrt waren, wenigstens von sehr zweifelhaftem Werthe bleibt, und
keineswegs als entscheidend und massgebend vorgebracht werden kann.

„Wünscht man das Ansehen der Beispiele gepaart zu sehen
mit der Gründlichkeit der Beweise, so sind diese ebenso kurz als
klar vom Cardinal Sforza Pallavicini in seiner Geschichte des tri-
dentinischen Concils (Buch I., Cap. II) dargelegt worden. Ehe er
den Beweis antritt, dass Sarpi ein Schurke von offenbarer Ruchlosigkeit, ein Treuloser, schuldig des abscheulichsten Hochverrathes,
ein Verächter jeglicher Religion, ein Gottloser und Apostat ist.
sagt er dort unter Anderm: Sowie es Nächstenliebe ist, das Leben
eines Missethäters nicht zu verschonen zur Rettung und Sicherheit
vieler Guten, **so ist es auch Nächstenliebe, den Ruf eines Gottlosen nicht zu verschonen, um die Ehre vieler Gottesfürchtigen
zu retten.** . . . . Jedes Gesetz verlangt, dass man um einen Schütz-
ling gegen einen falschen Zeugen zu vertheidigen, vor Gericht dasjenige vorbringe und erhärte. was diesen entehrt; bei jeder andern
Gelegenheit aber würde dieses als Ehrenkränkung gehörig bestraft

werden. Wenn ich jedoch vor der Welt nicht etwa blos einen einzelnen Clienten, sondern die ganze katholische Kirche vertheidige, so wäre es eine entsetzliche Pflichtvergessenheit von mir, würde ich nicht dem falschen Zeugen jene ehrenrührigen Anschuldigungen entgegenstellen, welche seine Aussage entkräften und vernichten.

„Wenn Jedermann in eigener Sache sehr gut begreift, dass sein Anwalt pflichtvergessen wäre, der beweisen könnte, sein Ankläger sei ein Verläumder, und es dennoch nicht thäte um der Nächstenliebe willen; warum wird es dann so schwierig sein einzusehen, dass man wenigstens nicht offenbare Verletzung der Nächstenliebe dem vorwerfen kann, der dasselbe von den Anklägern und Verfolgern jeglicher Unschuld beweist? Man müsste dann die Lehre des hl. Franz von Sales nicht kennen, die er in seiner Philothea am Schlusse des 29. Capitels des 3. Theils in der folgenden schönen Stelle ertheilt: Unter Allen nehme ich die erklärten Feinde Gottes und der Kirche aus, welche man, so viel man kann (wohlverstanden ohne zu lügen) in üblen Ruf bringen soll. Es ist ein Liebeswerk, Wolf! Wolf! zu rufen, wenn er sich unter den Schafen befindet, oder wo immer man ihn treffen mag.“ —

Soweit die *Civiltà Cattolica* (vol. I, ser. V, pag. 27), deren Artikel die Kraft des erhabenen und höcht angesehenen Ursprungs, die Kraft der angeführten unwiderlegbaren Gründe, endlich die Kraft der aufgewiesenen herrlichen Zeugnisse enthält. Uns will bedünken, dass es nicht so viel bedurft hätte, um Jedermann zu überzeugen, sei er auch liberal, oder jämmerlich vom Liberalismus angehaucht.

28.

Gibt es, oder kann es in der Kirche Geistliche geben, die von der furchtbaren Seuche des Liberalismus angesteckt sind?

Dem Liberalismus kommt die unglücklicherweise nur allzu häufige Thatsache sehr zu Statten, dass es nämlich manche Geistliche gibt, die von diesem Irrthume angesteckt sind. In solchen Fällen macht die sonderbare Theologie gewisser Leute die Meinung und die Handlungsweise dieses oder jenes Geistlichen zu einem gewichtigen Beweise. Gerade hierin haben wir Katholiken Spaniens zu allen Zeiten beklagenswerthe Erfahrungen gemacht. Es ist also angezeigt, dass wir unbeschadet der gebührenden Ehrfurcht auch diesen Punkt berühren, und aufrichtig und redlich die Frage stellen. Kann es Diener der Kirche geben, die sich mit Liberalismus befleckt haben?

Ja, lieber Leser, ja, unglücklicher Weise kann es liberale Diener des Heiligthums geben; und unter diesen sind einige radical, andere gemässigt, wieder andere blos liberal angehaucht, wie es bei den Weltlichen der Fall ist.

Es ermangelt der Diener Gottes nicht, den menschlichen Schwächen den elenden Tribut zu bezahlen und somit zahlt er ihn öfters auch den Glaubensirrthümern.

Und was Besonderes wäre das, da es ja kaum eine Irrlehre in der Kirche Gottes gab, die nicht von einem Geistlichen ausgedacht oder verbreitet wurde. Noch mehr. Es ist historisch gewiss, dass in keinem Jahrhundert die Häresien ernstlich zu schaffen gaben und gediehen, solange nicht Geistliche anfiengen, ihnen zu huldigen.

Der abgefallene Geistliche ist der erste Factor, den der Satan für dieses sein Werk der Empörung sucht. Er muss dasselbe eben den Augen der Unvorsichtigen als berechtigt und von irgend welcher Auctorität gutgeheissen vorspiegeln, und dazu dient nichts so gut, wie die Unterschrift eines Dieners der Kirche. Und da zum Unglück es niemals an Geistlichen fehlt, die sittlich verdorben — der gewöhnlichste Weg der Ketzerei — oder die vom Stolze verblendet sind — eine ebenso häufige Quelle jeden Irrthums — so mangelte es dem Teufel nie an geistlichen Sendboten und Begünstigern, unter was immer für einer Gestalt er in der christlichen Gesellschaft aufgetreten ist.

Judas, der sogar als Apostel gegen den Heiland zu murren und Verdacht auszustreuen begann, und damit endete, seinen Herrn an seine Feinde zu verkaufen, ist das erste Beispiel des abgefallenen und unter seinen Brüdern Unkraut säenden Priesters. Und wohl bemerkt, Judas war einer der zwölf ersten Priester, die vom Erlöser selbst ihre Weihe empfiengen.

Die Secte der Nikolaiten nahm ihren Ursprung von dem Diakon Nicolaus, einem der sieben ersten Diakonen, welche von den Aposteln zum Kirchendienste geweiht wurden, und einem Genossen des heiligen Stefanus, des ersten Blutzeugen.

Paul von Samosata, ein grosser Ketzerfürst des dritten Jahrhunderts, war Bischof von Antiochien.

Der Vater und Stifter der Novatianer, welche mit ihrem Schisma die Gesammtkirche so sehr beunruhigten, war Novatian, ein Priester von Rom.

Meletius, Bischof von Lykopolis in der Thebais, war Urheber und Haupt der meletianischen Spaltung.

Tertullian, Priester und beredter Apologet, fiel in die Irrlehre der Montanisten und starb in derselben.

Unter den spanischen Priscilianisten, die im vierten Jahrhundert in unserem Vaterlande so viel Aergernis verursachten, figuriren die Namen Instantius und Salvianus, zweier Bischöfe, welche Hyginius entpuppte und bekämpfte, und die in einem Concil zu Saragossa mit dem Banne belegt wurden.

Der Hauptirrlehrer, welcher vielleicht am meisten die Kirche verwüstet, war Arius, der Urheber des Arianismus, welcher schlieslich so viele Länder mit sich in's Verderben zog, als der heutige Protestantismus. Arius war ein Priester aus Alexandrien; erbittert darüber, dass er nicht die bischöfliche Würde hatte erhalten können. Und die arianische Geistlichkeit wuchs in dieser Sekte so sehr heran, dass lange Zeit hindurch ein grosser Theil der Welt blos arianische Bischöfe und Priester hatte.

Nestorius, ein anderer sehr berüchtigter Irrlehrer der ersten Jahrhunderte, war Mönch, Priester, Bischof von Konstantinopel und ein grosser Kanzelredner. Von ihm gieng der Nestorianismus aus.

Eutyches, der Stifter des Monophysitismus, war Priester und Abt eines Klosters zu Konstantinopel.

Vigilantius, der häretische Schenkwirth, welchen der hl. Hieronymus so witzig verspottet, ward in Barcelona zum Priester geweiht.

Pelagius, der Urheber des Pelagianismus, gegen welchen der hl. Augustin fast alle seine Feldzüge richtete, war Mönch, und wurde in seinen Irrthümern bezüglich der Gnadenlehre von Theodor, Bischof von Mopsuest, unterrichtet.

An der grossen donatistischen Spaltung nahm eine grosse Zahl Kleriker und Bischöfe Antheil.

Von diesen sagt ein moderner Geschichtsschreiber (Amat, Geschichte der Kirche Jesu Christi) : Alle ahmten sofort das hochmüthige Wesen Donats, ihres Anführers nach, und von einer Art fanatischer Eigenliebe beherrscht, gab es für sie weder eine augenfällige Wahrheit, noch eine Gefälligkeit, noch auch eine Drohung, die vermocht hätte, sie von ihren Irrthümern abwendig zu machen. Die Bischöfe hielten sich für unfehlbar und einer Sünde unfähig; die Uebrigen, von diesen Ideen irre geleitet, wähnten sich sicher, wenn sie, auch gegen die Evidenz, den Fusstapfen ihrer Bischöfe folgten.

Der Vater und Lehrer der Monotheleten war Sergius, Patriarch von Konstantinopel.

Stifter der häretischen Adoptianer ward Felix, Bischof von Urgel.

Der Sekte der Bilderstürmer fielen Constantin, **Bischof** von Anatolien, Thomas, Bischof von Klaudiopolis und andere **Prälaten** anheim, welche vom hl. **Germanus**, dem Patriarchen von **Konstanti-** nopel, bekämpft wurden.

Die Stifter der grossen morgenländischen **Kirchentrennung** braucht **man nicht zu nennen**; denn **Alle** wissen, dass **es** Photius, Patriarch von **Konstantinopel**, und seine Suffraganbischöfe **waren.**

Berengar, der in gottloser Weise die hl. Eucharistie anfocht, war Archidiakon der Kathedrale zu Angers.

Wicleff, einer der Vorläufer **Luthers**, war Pfarrer in England; Johannes **Hus**, sein Genosse in der Häresie, war gleichfalls Pfarrer in **Böhmen**. Beide wurden als Häupter der Wicleffiten und Husiten zum Tode verurtheilt.

Betreff Luther's genügt es zu erinnern, dass er ein Augustiner- mönch von Wittenberg war.

Zwingli war Pfarrer von Zürich.

Jansenius, Stifter des heillosen Jansenismus, war bekanntlich Bischof von Ipres.

Die **anglicanische Kirchentrennung**, herbeigeführt durch die schändliche **Wollust Heinrich VIII.**, ward hauptsächlich von dessen Günstling, dem **Erzbischof Cranmer** aufrecht gehalten.

In der **letzten** französischen Revolution gaben revolutionäre Priester und **Bischöfe der** Kirche Gottes die furchtbarsten Aerger- nisse, und man kann sich nicht ohne Entsetzen und Schauder an die vielen **Fälle von Apostasie** erinnern, welche in jenen höchst traurigen Zeiten die Guten betrübten. Die französische Nationalver- sammlung war aus diesem **Anlass Zeuge** tragischer Scenen, welche der Wissbegierige in **Henrion's Geschichte**, oder in jedem anderen Geschichtswerke nachlesen **kann**.

Dasselbe geschah nachher **in Italien.** Allgemein **bekannt** ist der öffentliche **Abfall** vom Glauben des **Priesters Gioberti**, des Fr. **Pantaleone**, des Passaglia, und des Kardinal Andrea.

In Spanien **gab es** Geistliche **in** den Clubs **der** ersten con- stitutionalen Epoche, Geistliche bei **den** Einäscherungen der Klöster, gottlose Geistliche bei den Cortes, Geistliche bei den Barricaden. Geistliche unter den ersten Verbreitern des Protestantismus nach 1869. Jansenistische Bischöfe gab es unter der Regierung Carlos III. zur Genüge. (Siehe hierüber Menéndez Pelayo, Los Heterodoxos, 3. Band).

Manche von diesen verlangten und viele begrüssten sogar in ihren Hirtenschreiben die ungerechte Vertreibung der Väter der Gesellschaft Jesu. Selbst heute sind in verschiedenen Diöcesen Spaniens einige Geistliche allgemein bekannt, welche vom Glauben abgefallen und, wie es folgerichtig und natürlich ist, auch beweibt sind.

Daraus erhellt also, dass von Judas angefangen bis auf den Ex-Pater Hyacinth das Geschlecht der Geistlichen, welche ihr Haupt verrathen und der Häresie verkauft sind, ohne Unterbrechung aufeinanderfolgt. Dass ferner parallel neben der Ueberlieferung der Wahrheit auch die Ueberlieferung des Irrthums in der christlichen Gesellschaft sich hinzieht. Im Gegensatze zur apostolischen Aufeinanderfolge der treuen Diener Christi rühmt sich auch die Hölle einer diabolischen Aufeinanderfolge der gottvergessenen Diener. Das muss für Niemand ein Stein des Anstosses sein. Man erinnere sich hiebei an das Wort des Apostels, welcher nicht vergass uns zum Voraus zu warnen: „Es müssen Irrlehren auftreten, damit es sich zeige, welche unter Euch die wahrhaft Bewährten seien."

29.

Wie hat sich der brave Katholik gegenüber diesen vom Liberalismus angesteckten Geistlichen zu betragen?

Sehr gut! wird hier mancher ausrufen. All' dies ist sehr leicht begreiflich und um sich davon zu überzeugen, genügt es, einigermassen die Geschichte durchblättert zu haben. Aber das Heickle und Missliche ist eben anzugeben, in welcher Weise der brave Laie, welcher um die Reinheit seines Glaubens ebenso besorgt ist, als um die rechtmässigen Vorrechte der Auctorität, mit auf Abwege gerathenen Dienern der Kirche umzugehen hat.

Es ist unerlässlich, das wir hier verschiedene Unterscheidungen und Classeneintheilungen aufstellen und auf jede von ihnen besonders antworten.

Erstens kann es vorkommen, dass ein Diener der Kirche von derselben öffentlich als liberal verurtheilt worden ist. In diesem Falle genügt es in Erinnerung zu bringen, dass jeder von der Kirche Ausgestossene, ob Cleriker oder Laie, aufhört Katholik zu sein (bezüglich des Vorrechtes, als Solcher betrachtet zu werden), solange er nicht durch einen wirklichen Widerruf und förmliche Reue neuerdings zur Gemeinschaft der Gläubigen zugelassen wird. Widerfährt dies einem Diener der Kirche, dann ist er weder Hirt noch Schaf, er ist Wolf. Man soll ihn meiden und vor Allem für ihn beten.

Zweitens kann es vorkommen, dass ein Diener der Kirche in die Irrlehre gefallen, aber noch nicht officiell von der Kirche schuldig erklärt ist. In einem solchen Falle muss man äusserst behutsam vorgehen. Ein Geistlicher, der in einen Glaubensirrthum gefallen ist, kann von Niemand officiell abgesetzt werden, als von jenem, der über ihn die kirchliche Gerichtsbarkeit hat. Dessenungeachtet kann er auf dem Gebiete der rein wissenschaftlichen Polemik wegen seiner Irrthümer bekämpft, und derselben überführt werden; das letzte Wort oder die entgiltige Entscheidung aber bleibt immer der einzig unfehlbaren Auctorität des obersten Lehrmeisters überlassen. Eine sehr gute, um nicht zu sagen die einzige Regel, ist in allen Dingen die beständige Uebung und Praxis der Kirche Gottes, nach jenem Worte eines Kirchenvaters: *Quod semper, quod ubique, quod ab omnibus.* Und in der That gieng man in der Kirche Gottes immer so vor. Privatleute wurden gewahr, dass ein Geistlicher Lehren ausstreue, die im Widerspruche mit jenen standen, die gewöhnlich als die einzig gesunden gelehrt werden; sie schlugen Lärm, eiferten und kämpften dagegen mit Büchern, mit Schriften, mit dem lebendigen Worte, und auf diese Weise führten sie das entscheidende Urtheil des unfehlbaren Lehramtes zu Rom herbei. Es ist das Anschlagen eines Wächterhundes, welches den Hirten aufmerksam macht. Es kam wohl kaum eine Irrlehre im Katholicismus auf, welche nicht auf diese Art widerlegt und zu Schanden gemacht worden wäre.

Drittens kann es vorkommen, dass der unglückliche Verirrte ein Diener der Kirche ist, dem wir in besonderer Weise untergeben sind. In diesem misslichen Falle muss man mit mehr Mässigung, Klugheit und Discretion vorgehen. Immer soll man in ihm die göttliche Auctorität achten, solange die Kirche sie ihm nicht entzieht. Ist der Irrthum zweifelhaft, so hat man die unmittelbaren Obern darauf aufmerksam zu machen, damit sie darüber Aufschluss verlangen. Ist der Irrthum augenscheinlich, so darf man deswegen noch **nicht sich gegen seine Auctorität** unmittelbar auflehnen, sondern **man muss sich auf einen** passiven Widerstand beschränken in jenen **Dingen,** welche der gesunden Lehre **der** Kirche nicht offenbar zuwider **laufen.** Immerhin muss man ihm jede äussere Achtung erweisen, **ihn** gehorchen **in** dem, was nicht **verworfen** oder verwerflich ist, **friedlich und** ehrerbietig widerstehen, **wo er von** der allgemeinen katholischen Ansicht abweicht.

Viertens kann es vorkommen (und **es ist dies der** gewöhnlichste Fall), **dass ein** Geistlicher nicht in Bezug auf bestimmte Punkte der katholischen **Lehre** irre, wohl aber in Bezug auf gewisse Urtheile über **Personen** und Thatsachen, welche mit der katholischen Lehre **mehr oder weniger** in Verbindung stehen. In diesem Falle räth uns **die christliche** Klugheit, einen solch liberal angehauchten Priester **mit Misstrauen anzusehen,** seinen Rathschlägen diejenigen **eines** nicht **von solchem Roste angefressenen** vorzuziehen, und dabei **sich** an jenen Spruch der hl. **Schrift zu erinnern:** „Ein **wenig** Hefe **versäuert den ganzen Teig".** Somit ist **hier ein** kluges Misstrauen **die** sicherste **Regel. Und man muss** hierin, **wie** in allem Uebrigen **den** Herrn **um** Erleuchtung **bitten, und** tüchtige und unbescholtene Personen um **Rath** befragen, **immer mit** grossem Verdachte gegen jene vorgehend, **welche** nicht ganz unzweideutig bezüglich der Irrthümer der **Gegenwart** handeln oder reden.

Das ist das Einzige, was wir über diesen wegen zahlloser Schwierigkeiten heicklen Punkt, der keineswegs in allgemeinen **Sätzen** abgefertigt werden **kann,** sagen können. Wir unterlassen nicht, eine Bemerkung zu machen, welche Ströme Lichtes enthält. Man **erkennt** den Menschen besser **an** seinen persönlichen Neigungen, als an seinen **Worten** und Büchern. Ein Priester, der mit Liberalen auf **freundschaftlichem Fusse** steht, **der um** ihre Gunst und ihre Lob-**sprüche bettelt** und gewöhnlich damit begünstigt wird, bringt meistens **eine** sehr **verdächtige** Empfehlung **der** Rechtgläubigkeit seiner Lehre **mit sich.**

Mögen unsere Freunde bei dieser Erscheinung verweilen und sie werden sehen, welch' sichere Richtschnur und welch' zutreffendes Kennzeichen sie ihnen gibt.

30.

Was hat man von den Beziehungen zu denken, die der Papst mit liberalen Regierungen und Personen unterhält.

Wenn dem so ist (wird Mancher sagen), was sollen wir denn von den Beziehungen und der Freundschaft halten, welche die Kirche mit liberalen Regierungen und Persönlichkeiten — was ja so viel heissen will, als mit dem Liberalismus selbst — unterhält?

Wir antworten:

Man muss sie einzig als officielle Beziehungen und Freundschaften betrachten. Sie setzen gar keine besondere Zuneigung zu den Personen voraus, mit denen sie gepflogen werden, vielweniger eine Billigung ihrer Handlungen und noch weit weniger eine Anhänglichkeit an ihre Lehre oder eine Gutheissung derselben Dies ist es gerade, was wir ein wenig beleuchten müssen, da es den Sectirern des Liberalismus als Waffe in ihrer liberalen Theologie dient, um über die gesunde katholische Unduldsamkeit herzufallen.

Vor Allem muss man bemerken, dass es in der Kirche Gottes ein zweifaches Amt gibt: Das eine, welches wir das apostolische nennen wollen, für die Ausbreitung des Glaubens und das Heil der Seelen; das andere, das man sehr treffend das diplomatische heissen könnte, für die menschlichen Beziehungen der Kirche mit den Mächtigen der Erde.

Das erste ist das edlere, es ist so zu sagen das hauptsächliche, das wesentliche. Das zweite ist das geringere und dem ersten untergeordnet, zu dessen Unterstützung es einzig da ist. Im ersten ist die Kirche unduldsam und unverträglich, geht gerade auf ihr Ziel los, zieht das Brechen dem Biegen vor, *Frangi, non flecti*. Man werfe einen Blick auf die Geschichte ihrer Verfolgungen. Es handelt sich um göttliche Rechte und Pflichten; es kann daher von einem Zugeständnis oder von einem Compromiss oder irgend einem Vergleiche keine Rede sein. Im zweiten ist sie willfährig, entgegenkommend, gütig und geduldig. Sie knüpft an, thut Schritte, unterhandelt, ist freundlich um nachgiebig zu machen, schweigt bisweilen, um ihren Zweck besser zu erreichen, und zieht sich vielleicht auch zurück, um dann wieder besser vorzurücken und so eine günstigere Stellung zu gewinnen. Ihre Losung in dieser Art Beziehungen könnte sein : *Flecti, non frangi.* Es handelt sich hier eben um menschliche Beziehungen und diese lassen gerne eine gewisse Biegsamkeit und die Anwendung elastischer Triebfedern zu.

Auf diesem Gebiete ist Alles erlaubt und heilig, was nicht verboten ist von dem gemeinen Gesetze, das die gewöhnlichen menschlichen Beziehungen regelt. Deutlicher : die Kirche glaubt, sie dürfe sich in dieser Sphäre mit allen Mitteln behelfen, deren sich eine ehrliche Diplomatie bedienen kann, und darnach handelt sie auch.

Wer getraut sich nun, sie deshalb zu bekritteln? So kommt es, dass die Kirche Gesandtschaften auch ungerechter Regierungen, ja selbst ungläubiger Fürsten empfängt und solche an dieselben wieder abordnet. Sie gibt und empfängt wieder von ihnen Geschenke und diplomatische Huld- und Ehrenbezeigungen; bietet zuweilen Auszeichnungen und Titel ihren hohen Persönlichkeiten an ; beehrt ihre Familien mit artigen und ehrerbietig höflichen Redensarten; nimmt Theil an ihren Festlichkeiten durch ihre Stellvertreter.

Aber da kommt auf ein Mal ein beschränkter Kopf oder ein Liberaler und macht, mit Sittensprüchen um sich werfend, folgende Einwendung: „Sapperlot! Warum sollte man den Liberalismus verabscheuen und die liberalen Regierungen bekämpfen müssen, wenn der Papst es nicht verschmäht, mit ihnen zu unterhandeln, sogar sie anerkennt und mit Auszeichnungen überhäuft?" O du Boshafter oder Einfaltspinsel, wenn nicht Beides zugleich! Gib acht auf folgende Vergleichung und dann urtheile.

Du bist Familienvater, hast vier oder sechs Töchter. welche Du mit aller Strenge der Ehrbarkeit erziehest. Gegenüber, oder neben deinem Hause leben einige Nachbarinnen, die in schlechtem Rufe stehen. Daher schärfst Du Deinen Töchtern beständig ein. dass sie ja nicht mit jenen schändlichen Weibsbildern umgehen sollen, dass sie nicht einmal sie grüssen oder eines Blickes würdigen dürfen. sondern ihr Leben und ihre Sitten verabscheuen. ganz ihr Gegentheil und in Nichts ihnen ähnlich sein sollen, weder in Worten, noch in Handlungen, noch selbst in der Tracht. Deine gelehrigen, braven Töchter beeifern sich natürlich Deine Ermahnungen auf's Genaueste zu beobachten und sich an Deine Warnungen zu halten, wie sie eben ein kluger und sehr besorgter Familienvater gibt. Aber siehe! Da entstehen bei irgend einem Anlasse Streitfragen mit der Nachbarschaft über gemeinsame Punkte, z. B. über eine Wasserleitung. über eine Markscheide oder einen Grenz-

stein, und nun musst Du rechtschaffener Vater, ohne aufzuhören
ein solcher zu sein, nothgedrungen mit einer jener Ehrlosen unterhandeln, ohne dass sie deswegen aufhörten, ehrlos zu sein; oder Du
musst wenigstens mit ihrem Anwalt oder Stellvertreter in Unterhandlungen treten. Zu diesem Behufe macht ihr einander Besuche
habt Zusammenkünfte, besprecht Euch, bedient Euch der gewohnten
Höflichkeitsformel, die das gesellschaftliche Leben erfordert; kurz
Ihr sucht auf jede Weise Euch über die fragliche Angelegenheit
zu verständigen und ein Uebereinkommen zu treffen.

Würden nun Deine Töchter vernünftig reden, wenn sie sagten:
da unser Vater mit diesen Nachbarinnen verkehrt, so müssen sie
doch nicht so schlecht sein, als er uns sagt; auch wir können mit
ihnen verkehren; wir dürfen ihre Sitten für gut, für bescheiden
ihre Tracht, für löblich und ehrbar ihre Lebensart halten? Sag an,
würden Deine Töchter nicht albern reden, wenn sie in dieser Weise
sprächen? Und nun die Anwendung der Parabel.

Die Kirche ist die Familie der Guten (oder derer, welche gut
sein sollen und von denen die Kirche verlangt, dass sie es seien).
Jedoch lebt sie umgeben von Regierungen, welche entweder gottlos,
oder mehr oder minder verdorben sind. Sie sagt zu ihren Kindern:
„Verabscheut die Grundsätze dieser Regierungen; bekämpfet sie,
ihre Lehre ist Irrthum, ihre Gesetze sind Ungerechtigkeit. Aber
zu gleicher Zeit sieht sie wegen eigener oder beiderseitiger Interessen sich in die Nothwendigkeit versetzt, mit den Häuptern·
odern Stellvertretern dieser Regierungen in Unterhandlungen zu
treten, und wirklich unterhandelt sie mit ihnen, verschmäht nicht
ihre Komplimente, bedient sich ihnen gegenüber der überall üblichen
Formeln diplomatischer Höflichkeit; stellt die Bedingungen eines
Vergleiches über die Punkte von gemeinsamen Interessen, sucht das
bestmöglichste Geschäft für ihre Stellung unter solchen Nachbarn
zu machen. Ist dies etwas Schlechtes? Ohne Zweifel nicht. Wäre
es nun nicht lächerlich, wenn ein Katholik mir nichts dir nichts
dies als Gutheissung gewisser Lehren auffassen würde, welche die
Kirche fortwährend verurtheilt oder als Billigung gewisser Handlungen, welche dieselbe nie aufhört zu bekämpfen.

Wie? Gibt die Kirche ihre Gutheissung zum Koran, wenn
sie als Macht mit der Macht sich in Unterhandlungen einlässt mit den
Anhängern des Koran? Billigt sie die Vielweiberei, wenn sie Geschenke
und Botschaften vom Grosssultan empfängt? Ebenso billigt sie auch den
Liberalismus nicht, wenn sie die demselben zugethanen Könige oder

Minister mit Auszeichnungen beehrt, wenn sie ihnen Segenswünsche darbringt, welche einfach Formeln christlicher Höflichkeit sind, die der Papst auch auf die Protestanten ausdehnt. Es ist eine spitzfindige Behauptung, dass die Kirche mit solchen Acten das gutheisse, was sie durch andere Acte beständig verdammt. Ihr diplomatisches Amt vernichtet nicht ihr apostolisches; in ihrem apostolischen Amte hat man die Erklärung der scheinbaren Widersprüche ihres diplomatischen Amtes zu suchen.

So handelt der Papst mit den Häuptern der Nationen, so der Bischof mit denen der Provinzen, so der Pfarrer mit denen der Gemeinde. Die Ausdehnung und die Grenzen und die Bedeutung dieser officiellen und diplomatischen Beziehungen kennt man ja schon; blos die unseligen Sectirer des liberalen Irrthums oder die liberal Angehauchten kenen sie nicht, oder thun als ob sie dieselben nicht kännten

31.

Die abschüssigen Wege, auf denen ein Katholik am gewöhnlichsten in den Liberalismus fällt.

Manigfaltig sind die abschüssigen Wege, auf denen der Christgläubige oft in den Irrthum des Liberalismus fällt, und es ist höchst wichtig, dieselben hier anzugeben, sowohl um die ungeheure Ausdehnung, welche dieser Irrthum erreicht hat, zu erklären, als auch um die Unvorsichtigen vor seinen Fallstricken und heimtückischen Nachstellungen zu warnen.

Sehr oft fällt man in die Verdorbenheit des Herzens durch die Verkehrtheit des Verstandes; noch weit öfters aber fällt Jemand in den Irrthum des Verstandes durch die Verdorbenheit des Herzens. Die Geschichte aller Ketzereien zeigt dies deutlich. In ihrem Ursprunge kommen sich fast alle gleich: ein Bischen Eigenliebe, eine Beleidigung, die man rächen will, ein Weib, dessentwegen der Häresiarch seinen Verstand verliert, der blendende Schimmer des Geldes, um dessen willen mancher sein Gewissen verkauft. Die Irrlehre ist nicht eine Frucht gründlicher, mühevoller Studien, wohl aber geht sie von jenen drei Köpfen der Hydra aus, welche der hl. Johannes beschreibt und die er Begierlichkeit des Fleisches, Augenlust und Hoffart des Lebens nennt. So geht es mit jeder Irrlehre, und so geht es auch mit dem Liberalismus. Lasst uns nur diese Abwege in ihren gewöhnlichen Windungen betrachten.

1. Der Mensch wird liberal aus natürlichem Verlangen nach Unabhängigkeit und zügellosem Leben.

Der Liberalismus muss nothwendiger Weise der verderbten Natur des Menschen sympathisch sein, wie der Katholicismus schon vermöge seines Wesens derselben widerstreben muss. Der Liberalismus ist die Emancipation, der Katholicismus die Zügelung. Der gefallene Mensch liebt vermöge einer gewissen natürlichen Neigung ein System, welches ihm der Hochmuth seiner Vernunft und die Zügellosigkeit seiner Begierden erlaubt und heilig macht. Sowie man mit Tertullian sagt, dass die Seele in ihrem edlen Emporstreben von Natur christlich ist, kann man ebenso auch sagen, dass der Mensch durch seine ihm anklebende Erbsünde ein geborner Liberaler ist. Es ist daher folgerichtig, dass er sich durchaus als solcher bekennt, sobald er anfängt zu begreifen, dass er auf diesem Wege die Gewähr für alle seine Lüste und Zügellosigkeiten habe.

2. Aus dem Verlangen emporzukommen. Der Liberalismus ist heut zu Tage die herrschende Idee. Sie herrscht überall, und besonders in der officiellen Sphäre, und ist also eine sichere Empfehlung, um emporzukommen. Es zieht der Jüngling weg vom heimatlichen Herde, und indem er einen Blick wirft auf die verschiedenen Wege, die zum Glücke, Ruhm und Ansehen führen, bemerkt er, dass um zu all' diesem zu gelangen, eine nothwendige Bedingung ist, ein Mann des Jahrhunderts, d. h. liberal zu sein. Nicht liberal sein heisst sich selbst die grössten Schwierigkeiten und Hindernisse in den Weg legen. Es braucht Heldenmuth, dem Versucher zu widerstehen, der zu ihm wie zu Christus auf jenem Berge spricht hinweisend auf eine glänzende Zukunft: Haec omnia tibi dabo si cadens adoraveris me: „Dies alles will ich dir geben, wenn du niederfällst und mich anbetest! Aber der Helden sind wenige. Somit ist es denn natürlich, dass der grössere Theil der Jugend beim Antritt ihrer Laufbahn sich unter das Joch des Liberalismus beugt. Dies veranlasst viel Lärm und Gerede in den Zeitungen, dies verschafft Empfehlungen mächtiger Gönner, dies den Ruf eines ausgezeichneten, allseitig gebildeten Mannes. Der arme Ultramontane bedarf eines hundertmal grösseren Verdienstes, um sich bemerklich zu machen und sich einen Namen zu erwerben. Und in der Jugend ist man in der Regel nicht scrupulös. Zudem ist der

Liberalismus dem öffentlichen Leben, für welche die Jugend so sehr schwärmt, wesentlich günstig. Er gewährt Aussichten auf Abordnungen, Kommissionen, Redaktionen u. s. w., kurz auf Alles, was zum Organismus seiner officiellen Maschine gehört. Es ist daher ein Wunder Gottes und seiner Gnade, wenn man einen Jüngling trifft, der einen so hinterlistigen Verführer mit Abscheu zurückweist.

3. Aus Habsucht. Die Einziehung der Kirchengüter war ehedem und ist noch immer die Hauptpflanzschule des Liberalismus. Man schritt zu der ungerechten Beraubung, einerseits um der Kirche diese Hilfsmittel menschlichen Einflusses zu entziehen, anderseits um mit diesem fetten Bissen Anhänger für die liberale Sache zu gewinnen. Dies bekennen selbst die liberalen Koryphäen, wenn man ihnen vorwirft, dass sie beinahe umsonst ihren Freunden die einträglichen Besitzungen der Kirche hingegeben haben. Und wehe dem, der einmal von dieser Frucht des fremden Gartens gekostet hat! Ein Grundstück, ein Landgut, Gebäulichkeiten, bewegliche Habe, welches dem Kloster oder der Pfarrei gehörte und heute im Besitze dieser oder jener Familie ist, kettet diese Familie für immer an den Wagen des Liberalismus. In den meisten Fällen ist kaum eine Hoffnung vorhanden, dass sie, oder auch nur ihre Abkömmlinge, dem Liberalismus je Lebewohl sagen. Der revolutionäre Teufel versteht es meisterhaft, zwischen ihnen und der Wahrheit eine unübersteigbare Scheidemauer aufzuführen. Wir haben gesehen, wie wohlhabende Bauersfamilien in den Bergen bis zum Jahre 35 unbescholtene, eifrige Katholiken waren, von jener Zeit an aber entschiedene halsstarrige Liberale sind. Fragst du warum? Seht jene Gärten, jene Saatfelder, jene Wälder, das ehemalige Eigenthum des Klosters; damit hat jener Bauer sein Vermögen vergrössert, damit seine Seele und seine Familie der Revolution verkauft. Und die Bekehrung solcher unrechtmässigen Besitzer ist moralisch unmöglich. Auf die verhärtete Seele, welche sich hinter ihrem sacrilegisch erworbenen Gut verschanzt, machen alle Beweise der Freunde, alle Strafpredigten der Missionäre, alle Vorwürfe des Gewissens keinen Eindruck. Die Einziehung der Kirchengüter vollzog und vollzieht noch der Liberalismus. Dies ist die Wahrheit.

Dieses sind die gewöhnlichen Ursachen der liberalen Verderbnis; alle übrigen lassen sich auf diese zurückführen. Wer über ein Bischen Welterfahrung und Kenntnis des menschlichen Herzens verfügt, wird kaum andere angeben können.

32.

Bleibende Ursachen des Liberalismus in der gegenwärtigen Gesellschaft.

Ausser den im vorhergehenden Kapitel angegebenen Ursachen des Liberalismus gibt es noch andere, welche diesem Irrthume in der gegenwärtigen Gesellschaft Dauer und Festigkeit geben; und hierin liegt der Grund, warum es so schwierig ist, ihn auszurotten. In erster Linie sind solch' bleibende, dauernde Ursachen des Liberalismus jene selben, die wir gerade als abschüssige, schlüpfrige Wege bezeichnet haben, die zu ihm führen. Es sagt die Philosophie : *Per quae res gignitur per eadem et servatur et augetur* : „Die Dinge erhalten sich und wachsen gewöhnlich durch die gleichen Ursachen, welche dieselben erzeugten." Aber ausser diesen können wir einige hier berühren, welche einen besonderen Charakter an sich tragen.

1. Das Sittenverderbnis. Die Freimaurerei hat es beschlossen, und buchstäblich erfüllt sich ihr teuflisches Programm. Schauspiele, Bücher, Bilder, öffentliche und private Sitten und Gebräuche, Alles trachtet man mit Unfläterei und Unzucht zu übersättigen. Der Erfolg ist sicher: aus einem unsittlichen, unkeuschen Geschlechte geht nothwendig ein revolutionäres Geschlecht hervor. So begreift man denn auch die so grosse Anstrengung des Liberalismus, jeder Ausschweifung der Unsittlichkeit die Zügel schiessen zu lassen. Man weiss nur zu gut, wie sehr ihm damit gedient ist, da das Sittenverderbnis sein natürlicher Apostel und Verbreiter ist.

2. Die schlechte Tagespresse. Unberechenbar ist der Einfluss, welchen der Liberalismus beständig ausübt mit dem Drucke so vieler Zeitungen, die er überall tagtäglich herausgibt und verbreitet. Sie bewirken (es scheint unglaublich!), dass die Stadtleute heutzutage in einer liberalen Atmosphäre leben müssen, sie mögen wollen oder nicht. Der Handel, die Künste, die Literatur, die Wissenschaft, die Politik, die Nachrichten aus dem Inn- und Auslande, kurz Alles muss als liberales Förderungsmittel dienen, und demnach muss auch nothwendig Alles liberale Farbe und Geschmack annehmen. Unvermerkt denkt, spricht, handelt man wie ein Liberaler, so gross ist der verderbliche, bösartige Einfluss dieser vergifteten Luft, die man einathmet. Das arme Volk verschlingt in seiner natürlichen Gutmüthigkeit und seinem arglosen Wesen dieses Gift wie Zucker mit der grössten Leichtigkeit. Es verschlingt dasselbe in Versen, in Prosa, in Bildern, in Ernst, in Scherz, auf dem Markte, in der

Werkstätte, in den Hörsälen, auf dem Lande, an allen Orten. Diese liberale Unterweisung hat sich seiner überall bemächtigt und lässt es keinen Augenblick in Ruhe; und die Wirkung davon ist um so trauriger wegen des besondern Umstandes, in welchem der Schüler sich befindet und worauf wir nun zu sprechen kommen.

3. Die nahezu allgemeine Unwissenheit in religiösen Dingen. Der Liberalismus drang bei seinen Nachstellungen, die er allerorts dem Volke mit heuchlerischen und gleissnerischen Lehrern bereitet, wohlweislich darauf, dem Volke die Verbindung mit demjenigen zu nehmen, was demselben einzig die Betrügerei und die Nachstellungen aufdecken konnte. Seit hundert Jahren arbeitet der Liberalismus beständig an diesem Unternehmen, nämlich das Werk der Kirche zu vernichten, auf dass sie schweige, auf dass sie blos einen officiellen Charakter trage, auf dass sie jeder Berührung mit dem Volke beraubt sei. Diesen Zweck verfolgt man (laut Geständniss der Liberalen selber) bei der Zerstörung der Klöster, bei der Aufhebung der frommen Stiftungen; diesen Zweck verfolgt man bei der Einschränkung des katholischen Unterrichtes; diesen Zweck hat man im Auge bei der ängstlichen Bemühung. die Geistlichkeit zu verläumden, herabzusetzen und lächerlich zu machen. Die Kirche sieht sich umgeben von künstlich gelegten Schlingen, damit sie den Siegeslauf des Liberalismus ja nicht etwa hemmen könne. Die Concordate, wie sie heutzutage bei fast allen Nationen abgeschlossen, sind ebensoviele Gewaltmassregeln, der Kirche die Kehle zusammenzuschnüren und alle ihre Bewegungen zu lähmen. Zwischen der Geistlichkeit und dem Volke hat man einen Abgrund voll Hass, Vorurtheile und Verläumdungen gegraben und sucht diese Kluft tagtäglich zu erweitern. Daher kommt es denn, dass ein Theil unseres Volkes, zwar christlich durch die Taufe, von seiner Religion aber soviel weiss, als von der des Muhamed und des Confutius. Zudem sucht man dem Volk jede nothwendige Beziehung mit der Pfarrei zu benehmen durch Einführung des Civilregisters, der Civilehe, der Civilbeerdigung u. s. w. . . . bis endlich jedes Band mit der Kirche entzweigerissen wird. Es ist ein vollständiges Programm der Trennung und Spaltung, in dessen geschlossener Einheit der Principien, Mittel und Zwecke man deutlich die Hand des Satans wahrnimmt.

Es wären noch andere Ursachen anzugeben, doch gestattet uns dies weder die Ausdehnung dieser Arbeit, noch liessen sich alle hier anführen.

33.

Welches sind die wirksamsten und geignetsten Heilmittel für das Volk, das unter der Knechtschaft des Liberalismus seufzt?

Wir wollen etwelche verzeichnen.

1. Die organisirte Verbindung aller guten Katholiken. Die Katholiken eines Ortes, gleichviel ob sie ihrer viele oder wenige sind, sollen mit einander Bekanntschaft machen, Umgang haben und sich an einander anschliessen. Heute darf es keine katholische Stadt oder Ortschaft geben ohne solche Verbindung thätiger Personen. Dies zieht die Unschlüssigen an, dies gibt Muth den Wankelmüthigen, dies überwiegt den Einfluss jener Redensart: Was werden die Leute sagen! Dies stärkt den Einzelnen mit der Kraft der Gesammtheit. Und wenn ihr auch nur ein winziges aber muthiges Häuflein seid, so gründet eine Akademie für die katholische Jugend, eine Conferenz, oder eine Genossenschaft. Strebt dann in Fühlung zu stehen mit der gleichartigen Gesellschaft der Nachbarschaft oder des Hauptortes; stützt euch so auf einen engen Anschluss unter einander, Verein an Verein, gleich der berühmten Schildkröte, welche die römischen Truppen durch Zusammenfügung ihrer Schilde bildeten; dies wird euch gleich jenen unbesiegbar machen. In solcher Weise vereint, so gering ihr auch an Zahl seid, erhebt das Banner einer gesunden, reinen, unverfälschten, intransigenten, unduldsamen Lehre, unverholen ohne Mummerei, entschieden ohne Abschwächung, ohne Vertrag oder Abkommniss irgend welcher Art mit den Feinden. Die unbeugsame Unverträglichkeit wird einen edlen sympathischen, ritterlichen Eindruck machen. Einen schönen Anblick gewährt ein Mann, der gleich einem Felsen am Meere von allen brandenden Wogen und entfesselten Stürmen gepeitscht, dennoch fest und unbeweglich ohne zu Wanken dasteht. Vor Allem wirkt jederzeit ein gutes Beispiel! Predigt mit eurem Lebenswandel, predigt damit überall, und ihr werdet sehen, wie leicht es euch gelingen wird, erst Respect, dann Bewunderung und endlich Sympathie euch zu verschaffen! An Anhängern wird es euch nicht fehlen. O wenn doch alle braven, gesinnungstüchtigen Katholiken das erhabene Apostolat begriffen, das sie, wenn auch Laien, auf diese Weise in ihren Ortschaften üben könnten. Eng an den Pfarrer angeschlossen, gleich dem Epheu, der um das Pfarrhaus herum emporrankt, un-

erschütterlich wie der alte Glockenthurm, können sie jedem Un-
wetter trotzen und jedem Sturm und Windbrausen die Stirne bieten.

2. **Die guten** Zeitschriften und **Blätter.** Unter den guten
Blättern wählet das **beste und das passendste** für die Bedürfnisse
und das Verständnis derer, **die euch** umgeben. **Leset** es und be-
gnügt **euch** nicht **nur** damit, **sondern gebt es** auch Andern zum
Lesen, **erklärt und erläutert** seinen **Inhalt, macht** es zur Grundlage
euerer **Wirksamkeit.** Setzt euch in Correspondenz mit seiner Redaction, führet dem Blatte zahlreiche Abonnenten zu, sorgt für Be-
zahlung des Abonnementspreises, erleichtert den armen Handwerkern
und Arbeitern **dieses so** verdriessliche Geschäft. **Gebt das** Blatt
auch in die Hände der Jünglinge, welche ihre Laufbahn **antreten;**
erwecket ihnen **Liebe für** dasselbe, indem ihr ihnen die Schönheit
seiner classischen Formen, seinen abgerundeten, schwungvollen Stil,
seine Anmuth und seinen Witz hervorhebet. Sie werden dann an-
fangs Geschmack finden an der Brühe **und** schliesslich verspeisen,
was mit derselben ihnen zubereitet **wird. So handelt** die Gottlosig-
keit, so dürfen auch wir handeln. Ein **gutes** Blatt ist im jetzigen
Zeitalter von Nothwendigkeit. **Sage man was man wolle** von seinen
Mängeln, niemals **werden diese seinen Vortheilen und** Segnungen
gleichkommen. **Ausserdem sollte man auch die** Verbreitung jedes
andern Unternehmens von ähnlichem **Charakter** z. B. Extrablätter,
Festschriften, **Reden, Broschüren,** Hirtenschreiben u. s. w. begünstigen.

3. **Die katholische** Schule. Wo der angestellte Lehrer ein braver
Katholik und ein Mann des Vertrauens ist, unterstütze man ihn mit
allen Kräften; wo **nicht, suche** man klar und freimüthig **zu reden,**
um ihn **in Misscredit zu** bringen. In diesem Falle ist er das grösste
Unglück **für** die Ortschaft. **Es ist** gut, **dass · die ganze** Welt den
Teufel als Teufel erkenne, damit man ihm nicht unbehutsamer Weise
die Hauptsache anvertraue, nämlich die Jugenderziehung. In einer
solchen Lage **suche** man einfach Schule **gegen** Schule, Standarte
gegen Standarte **zu** errichten; wenn Mittel geboten sind, rufe man
Ordensleute herbei; wenn nicht, dann übertrage man dieses gute
Werk einem unbescholtenen Laien. **Der** Unterricht sei unentgeltlich und zu **einer für** alle Kinder schicklichen Zeit, Vormittags,
Nachmittags, Abends. **An** Festtagen **ziehe** man die Kinder an durch
Geschenke und freundliche Behandlung. Man sage ihnen unverholen, **dass die andere** Schule **des** schlechten Lehrers die Schule
des Satans ist. Ein berüchtigter Revolutionär, Danton, pflegte ohne

Unterlass zu rufen: „Kühnheit, Kühnheit!" Unser Ruf soll immer sein: Freimuth! Freimuth! Licht! Licht! Nichts ist so wie dies geeignet, die hässlichen Raubvögel der Hölle zu verscheuchen, welche nur dann auf Raub ausgehen können, wenn sie begünstigt werden von der Finsternis.

34.

Ein unzweideutiges Zeichen, woran man leicht erkennen kann, was aus ächt katholischem Geiste und was aus einem mehr oder minder liberalen Geiste hervorgeht.

Das letzte Wort des vorhergehenden Capitels führt uns auf einen andern Gedanken. Die Dunkelheit ist der grosse Helfershelfer der Bosheit. „Wer Böses thut, hasset das Licht," hat der Herr gesagt. Daher das beständige Streben der Häresie, im Dunkeln herumzuschleichen und in nebelhafte Formen sich zu hüllen. Unschwer ist es, den Feind zu entdecken, wenn er mit offenem Visire entgegentritt; so gibt es auch keine Schwierigkeit diejenigen als liberal zu erkennen, welche gleich anfangs sich ohne Hehl als solche bekennen. Diese Offenheit jedoch findet man bei der liberalen Secte meistens nicht. Somit ist man gezwungen, den Feind unter der Maske zu errathen; diese aber ist oftmals ausserordentlich trügerisch und geschickt gewählt. Dazu kommt noch, dass nicht jeder, der diesen vermummten Feind erkennen sollte, gerade Luchsaugen hat. Daher bedürfen wir eines leichten, einfachen, volksthümlichen Merkmales, um jederzeit zu unterscheiden, was katholisches Werk ist, und was blos teuflischer Anschlag des Liberalismus.

Es geschieht häufig, dass man ein Project ankündet, einen Aufruf zu einem Unternehmen erlässt, eine Anstalt oder ein Institut gründet, während es dem guten Katholiken nicht gelingt, sich klar zu werden über die Absicht, welche jener Bewegung zu Grunde liegt, so dass er folglich auch nicht weiss, ob er sich derselben anschliessen, oder eher aus allen Kräften ihr sich widersetzen soll; dies trifft besonders zu, wenn die Hölle sich alle Mühe gibt, einige anziehendere und gefälligere Farben unseres Banners anzunehmen und sogar sich gelegentlich unserer üblichen Sprache zu bedienen. Wie viele arbeiten in solchen Fällen dem Teufel in die Hände, in der Meinung, dass sie an einem durchaus katholischen Werke tüchtig mitwirken! Doch wird vielleicht jemand sagen: „Jeder halte sich an die Stimme der Kirche, welche uns hierin vollständige Sicherheit gewährt!" Freilich. Aber man kann nicht jeden Augenblick und für jeden einzelnen Fall gerade die Auctorität der Kirche zu Rathe ziehen. Die Kirche hat sehr weise die allgemeinen Grundsätze und Regeln des Verhaltens aufgestellt; die Anwendung derselben hingegen auf die Tausende von tagtäglich vorkommenden Fällen überlässt sie dem klugen Ermessen jedes einzelnen Gläubigen. Täglich bieten sich Dir solche Fälle, und Du musst Dich sofort, ohne Zögern entschliessen, denn Bedenkzeit ist Dir keine vergönnt. Die Zeitung, die neu erscheint; der Verein, den man stiftet; das öffentliche Fest, zu dem Du geladen wirst; die Unterschrift, um die man Dich angeht . . . all' dieses kann von Gott kommen und kann vom Teufel kommen; und das Schlimmste ist, dass es von Teufel kommen kann, indem er, wie bereits gesagt worden, mit der ganzen geheimnissvollen Würde und dem Scheine des Göttlichen auftritt. Wie soll man also in diesem Labyrinthe sich zurechtfinden?

Im folgenden hast Du zwei sehr praktische Regeln, welche, wie wir glauben, jedem Christgläubigen zu Statten kommen, damit er auf diesem so schlüpfrigen Boden sachte auftrete und nicht ausgleite.

1. Sorgfältig beobachten, von welcher Art die Leute sind, von denen die Bewegung ausgeht, die Frage angeregt und das Geschäft in Händen genommen wird. Es ist dies die erste Regel der Klugheit und des gesunden Sinnes. Sie gründet sich auf jenes Wort des Erlösers: Ein schlechter Baum kann nicht gute Früchte bringen. Es erhellt, dass liberale Personen in der Regel liberale Schriften, Werke, Unternehmungen und Arbeiten liefern oder solche, die vom liberalen Geiste eingegeben sind, oder wenigstens einen liberalen Anstrich haben. Man sehe also auf die Lebensverhältnisse jener Leute, welche dem fraglichen Werke Vorschub leisten. Sind diese so geartet, dass ihre Grundsätze nicht euer völliges Vertrauen verdienen, dann betrachtet alle ihre Unternehmungen mit der grössten Vorsicht. Missbilliget sie nicht sogleich ohne weiteres, denn es ist Grundsatz der Theologie, dass nicht alle Werke der Ungläubigen sündhaft seien und das Nämliche lässt sich von jenen der Liberalen behaupten. Umgekehrt aber haltet sie auch nicht ohne weiteres für gut. Betrachtet sie mit Misstrauen und Argwohn, unterwerft sie einer genauern Prüfung und wartet deren Ergebniss ab.

2. Prüfen, welche Sorte von Leuten der Sache Lob spenden.

Es ist dies eine noch zuverlässigere Regel, als die vorhergehende. In der gegenwärtigen Welt gibt es zwei Strömungen, welche, wie Allen ersichtlich ist, durchaus verschiedene Richtungen haben, die katholische und die freimaurerische oder liberale Strömung. Die erste bilden oder besser gesagt vertreten die katholischen Blätter; die zweite vertreten und bilden materiell Tag für Tag die revolutionären Blätter. Die erste erhält ihre Eingebung von Rom, die zweite von der Freimaurerei. Kündet man ein Buch an oder veröffentlicht man die Grundlagen eines Projectes, so achtet wohl darauf, ob die liberale Welt es billigt, empfiehlt und lebhaften Antheil nimmt, als ob es ihr eigenes Interesse wäre. In diesem Falle ist ein solches Werk oder Project schon gerichtet: es ist liberales Zeug. Denn es ist doch klar, dass der Liberalismus oder der Teufel, der ihn leitet und inspirirt, auf der Stelle erkennt, was ihm zum Schaden und was zum Nutzen dienen kann; und so tölpelhaft kann er auch nicht sein, sich dem zu widersetzen, was ihn begünstigt und dasjenige zu unterstützen, was wider ihn ist. Die Secten und Parteien besitzen ein besonders instinktmässiges, wahlverwandschaftliches Gefühl (von einem Philosophen als *olfactus mentis* bezeichnet), welches ihnen von vornherein sagt, wen sie als den Ihrigen und wen als Feind zu betrachten haben. Misstrauet also allem, was die Liberalen loben und hochschätzen. Es liegt auf der Hand, dass sie bei dem Geschäfte, sei es in dessen Beginne oder Verlaufe oder Ausgang irgend eine Teufelei bemerkt haben, die dem Liberalismus zu Statten kommt. Der scharfe Instinkt der Secte pflegt hierin sich nicht zu täuschen. Viel näher liegt die Gefahr einer Verwechslung oder Täuschung für ein katholisches Blatt, welches Etwas als gut lobt und anempfiehlt, was vielleicht nicht so sehr preiswürdig ist. Anders steht's bei einem liberalen Blatte, wenn dasselbe eines von den in Frage stehenden Werken als ihriges lobt. Wahrlich, wir trauen eher der feinen Nase unserer Feinde, als dem unsichern Gefühl unserer eigenen Brüder. Zu guter Letzt verblenden noch gewisse einfältige Scrupeln und Befürchtungen, man könnte die Nächstenliebe und ein natürliches Zartgefühl verletzen, wollte man von Andern eine gute Meinung zu haben, unterlassen, oftmals so sehr die guten Leute, dass sie wenigstens redliche, gute Absichten sehen, wo zum Unglück eben keine solche vorhanden. Nicht so die Schlechten. Diese ziehen augenblicklich vom Leder gegen jeden, der nicht mit ihnen denkt und fühlt und verursachen Dir ein betäuben-des Ohrensausen mit ihrem ununterbrochenen Lockpfeifen zu Gunsten alles dessen, das in der einen oder andern Art ihrer verfluchten Propaganda zu Gute kommt. Setzt daher Misstrauen in Alles, was euere Gegner euch als gut anpreisen.

Wir entnehmen einem Blatte folgende Verse, die zwar besser, aber nicht wahrer sein können. Sie lauten also über den Liberalismus:

> Wie in ihr Geweb' die Spinne,
> Spinnt er sich in Lügen ein:
> Was er sage, was er sinne,
> Lug und Trug nur kann es sein.
> Tugend nenn', was unablässig
> Er verspottet und verpönt;
> Ehrenmann, den er gehässig
> Stets verfolget und verhöhnt!
> Meide ohne lang zu fragen,
> Was er preist und ihm gefällt!
> Dann erkennst in allen Lagen,
> Wie's um dies System bestellt.

Wir glauben, dass die beiden Regeln des gesunden, oder besser gesagt des ächtchristlichen Sinnes genügen, um, wenn nicht gerade jede Frage entgiltig zu entscheiden, doch wenigstens nicht leicht an den Unebenheiten dieses so rauhen, unwegsamen Bodens zu straucheln, auf dem wir Katholiken heutzutage marschiren und kämpfen müssen. Der Katholik unseres Jahrhunderts vergesse nie, dass der Boden, den sein Fuss betritt, überallhin unterwühlt und unterminirt ist von jenen geheimen Secten, welche die tonangebenden Führer der antikatholischen Polemik sind, und welchen, freilich ohne ihr Wissen, sehr häufig sogar jene gute Dienste leisten, die ihre Wühlereien höchst verabscheuen. Heute wird der Kampf hauptsächlich unter der Erde und gegen einen unsichtbaren heimtückischen Feind geführt, der selten mit seiner wahren Losung auftritt. Man muss ihn also eher wittern, als sehen; eher mit dem Instinkt errathen, als mit dem Finger auf ihn deuten. Also eine feine Nase und ein praktischer Sinn sind nothwendig, mehr denn subtile Grübeleien und mühevolle Theorien! Die Augengläser, die wir unseren Freunden anempfehlen, haben uns nie getäuscht oder die eine Sache für die andere anschauen lassen.

35.

**Welches sind die guten, und welches die
schlechten Blätter?** — Was soll man von dem
Guten halten, das in einem schlechten Blatte
enthalten ist, und umgekehrt von dem
Schlechten, das man in einem guten Blatte
mitunter finden kann?

Nach dem **Vorausgehenden** muss sich jedem von selbst die
Frage aufdrängen: Welche Zeitungen können einem Katholiken
heutzutage volles Vertrauen einflössen? Oder besser: Welche können
ihm nur sehr wenig, und welche gar kein Vertrauen einflössen?
In erster Linie ist es klar (*per se patet*), dass hinsichtlich des
Liberalismus gar kein Vertrauen jene Blätter uns einflössen dürfen,
welche sich eine Ehre (oder eine Unehre) daraus machen, sich
liberal zu nennen und als solche sich zu geberden. In der That!
Wie könnten wir ihnen unser Zutrauen schenken, wenn gerade sie
unsere eigentlichen Feinde sind, gegen die wir beständig in voller
Waffenrüstung zu Felde ziehen müssen! Wir übergehen daher
gänzlich diesen Theil unserer Frage. Die heutzutage sich liberal
nennen, sind es sicherlich auch, und somit sind sie unsere erklärten
Feinde und Gegner der Kirche Gottes. Man schlage daher ihre
Anempfehlung oder ihren Beifall nicht hoch an, und betrachte das,
was sie in Bezug auf Religion empfehlen und loben, mindestens als
verdächtig.

Indess gibt es eine andere **Classe** von Blättern, deren Charakter
nicht so frech und nicht so scharf ausgesprochen ist, da sie grosse
Vorliebe für die Zweideutigkeit der umbestimmbaren, zweifelhaften
Farben und der verschwommenen, unentschiedenen Schattirungen
an den Tag legen. Diese Classe nennt sich fortwährend katholisch,
und ergeht sich bisweilen in Schmähungen und Verwünschungen
gegen den Liberalismus, wenigstens dem Worte nach. Sie ist gemeiniglich unter dem Namen der liberal - katholischen bekannt.
Dieser muss man noch weniger trauen, und sich nicht durch ihre
Duckmäuserei und Frömmelei verführen lassen. Das bleibt ausge-
macht, dass in jedem dringenden, kritischen Falle bei denselben
das liberale Streben über das katholische die Oberhand gewinne,
wenn sie auch mit beiden brüderlich zusammenzuleben behauptet.

Man hat dies jederzeit beobachten können, und so muss es folgerichtig kommen. Es ist weitaus leichter der liberalen Strömung
zu folgen; sie zählt mehr Anhänger, und schmeichelt mehr der
Eigenliebe. Die katholische hingegen, scheinbar abstossender, hat
weniger Anhang und Freunde, und verlangt ein beständiges Rudern
und Steuern gegen den natürlichen verdorbenen Trieb der Ideen
und Leidenschaften; daher ergibt es sich von selbst, dass in einem
unentschiedenen, wankelmüthigen Herzen, wie sie es haben, in der
Regel diese unterliege und jene obsiege. In schwierigen Fällen
also darf man durchaus kein Vertrauen auf die liberal-katholische
Presse setzen. Noch mehr. Ihre Urtheile haben das Unannehm-
liche, dass sie uns nicht, wie jene der ächtkatholischen Presse,
dazu dienen, uns von der Wahrheit des Gegentheils zu versichern,
aus dem einfachen Grunde, weil diese ihre Urtheile nicht absolut
und bestimmt gefasst sind, sondern meistens vieldeutig und dehnbar.

Die gute Presse ist die ganz gute Presse, d. h. jene, die das
Gute vertheidigt in seinen guten Grundsätzen und in seinen guten
Anwendungen, schnurstracks dem entgegengesetzt, was sie als bös
erkennt (opposita per diametrum, wie der hl Ignatius im goldenen
Buche seiner geistlichen Uebungen schreibt), jene, die stets schlagfertig dem Irrthum gegenübersteht, muthig dem Feinde entgegen-
geht, nicht etwa von Zeit zu Zeit mit ihm liebäugelt und sich
höchstens gewissen Schwenkungen desselben widersetzt. Nein, sie
ist feind dem Bösen, wo immer es sich finde, weil das Böse immer
und überall böse ist, auch in jenem Guten, das es manchmal zufällig
mit sich bringen kann.

Wir unterlassen es nicht, hier eine Bemerkung zu machen.
um diesen unsern letzten Satz, welcher vielleicht Vielen etwas kühn
vorkommen wird, besser zu erklären.

Es pflegen zuweilen schlechte Blätter etwas Gutes zu enthalten.
Was soll man von diesem Guten, das die schlechten Blätter hie und
da enthalten, denken? davon soll man überzeugt sein, dass sie deswegen nicht aufhören schlecht zu sein, wenn ihre innere Natur
oder Lehre schlecht und verkehrt ist. Vielmehr kann und pflegt
dieses Gute eine satanische Lockspeise zu sein, damit das darin
enthaltene wesentlich Böse leichter Eingang finde, oder wenigstens
unbemerkt und unbehelligt seinen Weg gehe. Gewisse zufällig gute
Eigenschaften nehmen einem schlechten, verdorbenen Wesen nicht
seine natürliche Schlechtigkeit. Ein Dieb oder Räuber ist nicht
gut, wenn gleich er bisweilen ein Ave Maria betet oder einem

Armen ein Almosen gibt; er ist schlecht trotz dieser guten Werke, den schlecht ist der wesentliche Inbegriff seiner Handlungen, schlecht ist sein gewöhnliches Streben. Und wenn das Gute, das er verrichtet, dazu dient, seiner Schlechtigkeit mehr Gewicht und Berechtigung zu verschaffen, dann wird sogar infolge des schlechten Zweckes, das schlecht, was sonst an und für sich gut wäre.

Umgekehrt kommt es manchmal vor, dass gute Blätter diese oder jene irrthümliche Lehre aufstellen oder sich von der Leidenschaft hinreissen lassen oder wirklich etwas thun, das man an ihnen nicht billigen kann. Soll man sie deshalb schlecht nennen? Soll man sie als solche verwerfen? Nein, aus einem ähnlichem, wiewohl umgekehrten Grunde. Das schlechte in demselben ist zufällig; das Gute ist das Wesentliche und Gewöhnliche. Eine oder mehrere Sünden machen einen Menschen nicht ruchlos, zumal wenn er mit Reue und Besserung bekennt, dass er sie verabscheue. Er ist nicht schlimmer als einer, der wissentlich und gewohnheitsmässig schlecht handelt und öffentlich Verwahrung einlegt, schlecht sein zu wollen. Engel sind die katholischen Zeitungsschreiber noch viel weniger, sondern gebrechliche, armselige sündhafte Menschenkinder. Sie also wegen dieses oder jenes Irrthums oder wegen dieser oder jener Unklugheit oder Uebereilung verdammen zu wollen, hiesse vom Guten und Tugendhaften eine pharisäische und jansenistische Auffassung haben, die mit allen Grundsätzen einer gesunden Sittenlehre im Widerspruch steht. Wenn man in dieser Weise urtheilen müsste, welche Einrichtung in der Kirche Gottes wäre dann gut und schätzenswerth?

Wir fassen Alles kurz zusammen: Es gibt gute und es gibt schlechte Blätter. Unter diese müssen wir auch die zweideutigen, unentschiedenen rechnen. Einige gute Sachen, die ein schlechtes Blatt enthält, machen es nicht gut, noch auch machen einige Mängel und Sünden, in die ein gutes verfällt, dieses schlecht. Wenn der brave Katholik in redlicher Weise nach diesen Grundsätzen urtheilt und entscheidet, wird er selten fehl gehen.

36.

Ob, und unter welchen Bedingungen die Vereinigung zwischen Katholiken und Liberalen zu einem gemeinsamen Zwecke zu empfehlen sei.

Eine andere gegenwärtig sehr brennende Frage betrifft die Vereinigung zwischen Katholiken und weniger fortgeschrittenen und verschrobenen Liberalen zu dem gemeinsamen Zwecke, der radicalen und zügellosen Umsturzpolitik entgegenzutreten. Von Manchem war es ein goldener Traum oder eine unschuldige Täuschung, in die sie sich einwiegen liessen; von Andern hingegen ein treuloser, hinterlistiger Streich, mit welchem sie nur uns zu entzweien und zu lähmen trachteten (und sie haben es auch theilweise dahin gebracht). Was also haben wir, die wir die Interessen unserer hl. Religion allen Anderem vorziehen, von solchen Vereinigungsversuchen zu denken?

Im Allgemeinen haben wir zu denken, dass solche Vereinigungen weder gut noch empfehlenswerth sind. Es ergibt sich dies folgerichtig aus den bisher aufgestellten Grundsätzen. Der Liberalismus ist nun einmal in seinem tiefinnersten Wesen, so gemässigt und kriechend er auch in der Form erscheine, der gerade und radicale Gegensatz des Katholicismus. Daher sind die Liberalen die gebornen Feinde der Katholiken und nur in irgend einer zufälligen Hinsicht können sie wahrhaft gemeinsame Interessen mit ihnen haben.

Dessenungeachtet können hievon einige sehr seltene Fälle vorkommen. Es kann wirklich geschehen, dass in einem gegebenen Falle die Vereinigung der durchaus katholischen Kräfte mit denen einer gemässigten Gruppe aus dem liberalen Lager gegen eine der fortgeschrittenen Parteien des Liberalismus erspriesslich sei. Ist dies wirklich der Fall, dann muss die Vereinigung auf folgenden Grundlagen zu Stande kommen:

Erstens soll man nicht ausgehen von dem Principe einer Neutralität oder Vereinbarung zwischen wesentlich entgegengesetzten Grundsätzen oder Interessen, wie es die katholischen und die liberalen eben sind. Diese Neutralität oder Vereinbarung ist verworfen vom Syllabus und ist folglich eine falsche Grundlage. Diese Vereinigung ist Verrath, ist Verlassen der katholischen Fahne von Seite derer, denen die Verpflichtung obliegt, sie zu vertheidigen. Man sage daher nie: „Lasst uns absehen von Verschiedenheiten der

Lehre und der Ansichten." Niemals mache man sich dieser feigen Verläugnung der Grundsätze schuldig. Eure Rede sei vor Allem: „Trotz des radicalen und wesentlichen Gegensatzes unserer Grundsätze und Anschauungen u. s. w." So rede und so handle man, um die Verwirrung der Ideen und Begriffe, das Aergernis der Unvorsichtigen und die Prahlereien der Gegner zu verhüten.

Zweitens räume man noch viel weniger der liberalen Gruppe die Ehre ein, uns mit ihrem Banner anzuführen. Nein; jede Partei behalte ihre eigene Losung, oder diejenige, welche mit uns gegen einen gemeinsamen Feind kämpfen will, richte sich für diese Zeit nach der unsrigen. Noch deutlicher: Jene der anderen Partei sollen sich mit uns vereinigen; nie wir mit ihnen. Es wird ihnen, die stets ein buntfarbiges Wappen führen, nicht sonderlich schwer fallen auch unsere Farbe anzunehmen; uns hingegen, die wir nur eine bekennen und zwar eine reine, ohne jede Beimischung einer andern, muss ein derartiger Wappentausch unerträglich sein.

Drittens glaube man niemals, dass hiemit feste Grundlagen gegeben seien für eine dauernde, beständige, regelmässige Handlungsweise. Sie können nur für eine zufällige vorübergehende Handlung gelten. Eine dauernde, beständige, regelmässige Haltung kann eben nur durch gleichartige Elemente zu Stande kommen, welche wie die Räder eines vollkommenen Maschinenwerkes ineinandergreifen. Damit Leute von gänzlich entgegengesetzten Ueberzeugungen längere Zeit sich gegenseitig verstehen, wäre beiderseits eine beständige Uebung heroischer Tugend nothwendig; der Heroismus aber ist eben nicht ein gewöhnlicher Handelsartikel auf dem Weltmarkte. Man würde ein Werk einem kläglichen Untergang aussetzen, wenn man es auf der Basis widersprechender Ansichten aufbauen wollte, so sehr dieselben auch in irgend einem unwesentlichen Punkte übereinstimmten. Diese Vereinigung von Kräften kann man für einen vorübergehenden Act gemeinsamer Vertheidigung oder gemeinsamen Angriffs sehr wohl versuchen und sie kann löblich und wahrhaft von Erfolg sein, immer jedoch wenn die andern Bedingungen und Regeln nicht ausser Acht gelassen werden, die wir als unerlässlich nothwendig aufgestellt haben.

Ohne diese Bedingungen halten wir die Vereinigung der Katholiken und Liberalen behufs irgend eines Unternehmens nicht nur für nicht erspriesslich, sondern sogar für höchst nachtheilig. Anstatt die Kräfte zu vervielfachen, wie es der Fall ist, wenn die Factoren gleichartige Grössen sind, wird man nur die Kraft und Leistungsfähigkeit derer schwächen und verringern, die für sich allein immerhin etwas zur Vertheidigung der Wahrheit hätten thun können Es sagt zwar ein Sprichwort: „Wehe dem, der allein geht!" Jedoch gibt es ein anderes, das die Erfahrung lehrt, und welches dem vorigen durchaus nicht widerspricht: „Besser allein, als in schlechter Begleitung." Wenn ich mich nicht irre, ist's der hl. Thomas, der irgendwo sagt: *Bona est unio, sed potior est unitas:* „Etwas Vortreffliches ist die Vereinigung, doch besser ist die Einheit." Wenn man also die wahre Einheit auf dem Altar einer angeblichen erzwungenen Vereinigung zum Opfer bringen muss, gewinnt man nichts dafür, vielmehr erleidet man, nach unserer bescheidenen Meinung, sehr grossen Verlust.

Ganz abgesehen von diesen Erwägungen, die man vielleicht als reine Theorien zu betrachten versucht sein könnte, hat die Erfahrung hinlänglich dargethan, was bei solchen Vereinigungsversuchen meistens herausschaut. Das Resultat pflegt immer nur eine grössere Erbitterung des Kampfes zu sein. Man hat kein Beispiel einer solchen Vereinigung oder Coalition, die gedient hätte, aufzubauen und zu befestigen.

37.

Die Vereinigung zwischen Katholiken und Liberalen.

(Fortsetzung).

Trotz all' dem ist dies, wie wir oben bereits bemerkt haben, der goldene Traum, die ewige Täuschung vieler unserer Brüder. Sie gehen von der Ansicht aus, dass die grosse Anzahl der Vertheidiger und Freunde der Wahrheit für diese von der grössten Bedeutung sei Anzahl scheint ihnen gleichbedeutend oder sinnverwandt mit Kraft; für sie ist Zusammenzählung auch ungleichartiger Grössen immer ein Vervielfachen der Handlung; Abziehen indessen stets ein Vermindern derselben. Beleuchten wir ein wenig diesen Punkt und machen wir noch einige schliessliche Bemerkungen über diesen nunmehr erschöpften Gegenstand.

Die wahre Kraft und Wirksamkeit der Dinge sowohl im physischen als sittlichen Gebiete besteht weit eher in deren Intensität oder inneren Spannkraft, als in deren Ausdehnung. Es ist klar, dass eine grössere Masse gleichmässig gespannter und angestrengter Materie auch grössere Kraft erzeugt, aber nicht etwa schon wegen des Zuwachses der Masse, sondern wegen des Zuwachses der grossen Summe der Spannkräfte. Nun ist es eine Grundregel der Mechanik, dass man die Ausdehnung und Zahl der Kräfte zu vermehren suche, jedoch so, dass daraus ein eigentlicher Zuwachs an Spannkraft erfolge. Sich mit dem Zuwachs begnügen, ohne den Werth des Zuwachses zu prüfen, hiesse nicht nur vermeintliche Kräfte anhäufen, sondern auch sich der Gefahr aussetzen, wie wir bereits angedeutet, mit denselben sogar die eigentlichen, wenn solche noch vorhanden, in ihrer Thätigkeit zu lähmen.

Dies ist eben hier gerade der Fall und es kostet uns nicht viel Mühe, es zu beweisen.

Die Wahrheit hat eine durchaus eigene Kraft, die sie ihren Freunden und Vertheidigern mittheilt. Nicht etwa diese sind es, die ihr diese Kraft verleihen, sondern sie verleiht dieselbe ihnen; jedoch unter der Bedingung, dass man sie thatsächlich vertheidige. Wo der Vertheidiger unter dem Vorwand die Wahrheit besser in Schutz zu nehmen, sie nach Belieben zu verstümmeln, verhunzen und abzuschwächen sucht, vertheidigt er schon nicht mehr die Wahrheit, sondern eine Erfindung von ihm, ein menschliches, mehr oder weniger auffallendes Machwerk, das von jener Tochter des Himmels höchstens den äussern Schein sich erlügt.

Ebenso ergeht es heutzutage vielen unserer Brüder, welche (manche ohne es zu ahnen) dem heillosen liberalen Roste zum Opfer fallen. Sie sind gewissermassen im guten Glauben den Katholicismus zu vertheidigen und zu verbreiten; während sie jedoch sich abmühen, ihn ihrer Kurzsichtigkeit und ihrem Freimuth anzupassen und zurechtzulegen, um ihn, wie sie nie müde werden zu betonen, dem Feinde, den sie überzeugen möchten, annehmlicher zu machen, merken sie nicht, dass sie schon nicht mehr den Katholicismus vertheidigen, sondern blos ein gewisses ihnen ausschliesslich eigenes Ding, welches sie in ihrer einfältigen Gutmüthigkeit mit jenem Namen bezeichnen, wie sie es auch mit jedem andern benennen könnten. Kläglich getäuscht und verblendet fangen sie, um den Gegner eher zu gewinnen, beim Beginn der Schlacht an, ihr Pulver anzufeuchten, die Schneide ihrer Schwerter scharfig zu machen und deren Spitze abzustumpfen, ohne zu bedenken, dass ein Schwert ohne Spitze und Schneide eben kein Schwert ist, sondern nur ein Stück unbrauchbares Eisen, und dass wenn das Pulver

nass ist, kein Schuss losgeht. Ihre Blätter, Bücher und Reden,
geschminkt mit Katholicismus, aber ohne dessen Geist und Leben,
sind im Kampfe für die Glaubensverbreitung das, was das Schwert
des Bernhard und die Flinte des Ambrosius, welche in Spanien
unter dem Volke sprichwörtlich geworden, um jede Art von Waffen
zu bezeichnen, die weder hauen noch stechen noch irgendwie gefährlich sind.

Das sei ferne von uns, meine Freunde! Weit besser als eine
ganze Armee solcher Leute ist eine einzige Compagnie, eine einzige
Truppe gutbewaffneter, gehörig ausgerüsteter Soldaten, welche genau
wissen, was sie vertheidigen, warum sie kämpfen, und mit welchen
Waffen sie ihre Sache verfechten müssen. Diese sind es, die ehedem stets etwas zur Ehre des göttlichen Namens thaten und
künftighin noch immer thun werden: Möge uns Gott solche Kriegs-
leute senden, und halte der Teufel es mit den Andern, die wir ihm
als eigentlichen Auswurf schenken.

Dazu kommt noch ein weiterer Grund, wenn man erwägt,
dass ein solcher Bodensatz und eine solche Grundsuppe von falschen
Hülfstruppen für den katholischen Kampf nicht nur keinen Nutzen
einträgt, sondern demselben hinderlich ist und beinahe immer dem
Feinde zu Statten kommt. Eine katholische Gesellschaft, welche
sich mit einem solchen Ballast hinschleppen muss, hat sich genug
aufgeladen, um keine freie Bewegung machen zu können. Jene unschlüssigen Feiglinge werden am Ende mit ihrer Unthätigkeit jede
Energie ertödten, die Grossmüthigsten und Entschlossensten nieder-
geschlagen und die Thatkräftigsten erschlaffen machen; sie werden
Besorgniss erregen dem gläubigen Herzen, welches stets, und zwar
mit Recht, solche Gäste fürchtet, die in gewisser Hinsicht Freunde
seiner Feinde sind. Und ist es nicht traurig, dass dieser Verein,
anstatt es mit einem einzigen erklärten, offenen Feinde zu thun zu
haben, gezwungen ist, einen Theil seines Vorrathes an Kräfte daran
zu verschwenden, innere Feinde, die in dessen eigenem Schoosse
Verwüstung oder wenigstens Verwirrung anrichten, zu bekämpfen
oder doch im Zaume zu halten? Die *Civiltà Cattolica* hat es in einem
trefflichen Artikel gut ausgesprochen:

„Wahrlich ohne diese Vorsicht wörden die katholischen Vereine
die augenscheinlichste Gefahr laufen, nicht nur der Schauplatz ärger-
licher Kämpfe und Zwistigkeiten zu werden, sondern auch in Kurzem
zum eigenen Verderben und grössten Schaden der Religion von den

rechten Grundsätzen abzuweichen." (Civ. Catt. ser. XII. vol. II. pag. 665. 1883.)

Wir schliessen daher dieses Capitel, indem wir noch jene andern ebenso bestimmten und entscheidenden Worte der nämlichen Zeitschrift hier folgen lassen, welche für jeden braven Katholiken von sehr hohem, um nicht zu sagen unanfechtbaren Ansehen sein müssen. Sie lauten also:

„Dies ist der Grund, warum die katholischen Vereine keiner Sache so ängstlich beflissen gewesen sind, als wie aus ihren Schoosse nicht nur Jeden auszuschliessen, der sich offen zu den Grundsätzen des Liberalismus bekennt, sondern auch jene, welche unter dem Namen liberaler Katholiken bekannt sind, da sie sich der Täuschung hingeben, den Liberalismus mit dem Katholicismu vereinbaren zu können."

38.

Ist es unerlässlich sich jedesmal an das concrete Urtheil der Kirche und ihrer Hirten zu wenden, um zu wissen, ob irgend eine Schrift oder Persönlichkeit als liberal zu verwerfen und zu bekämpfen sei?

„Alles, was ihr bisher auseinandergesetzt habt, wird vielleicht Jemand hier sagen, stösst in der Praxis auf eine sehr bedeutende Schwierigkeit. Ihr habt von liberalen Schriften und Personen geredet, und uns warm anempfohlen, sie wie die Pest zu fliehen und sogar die entfernteste Aehnlichkeit mit ihnen zu verabscheuen. Wer jedoch wird aus sich allein sich getrauen, eine solche Person ode Schrift als liberal zu bezeichnen, wenn die lehrende Kirche nich zuvor mit einem entscheidenden Urtheile sie als solche erkläre?"

Da haben wir einen Scrupel, oder besser, eine Dummheit welche vor einigen Jahren von den Liberalen und liberal Ange hauchten in Umlauf gebracht, sehr landläufig geworden ist. Wahrlich dies ist eine neue Theorie in der Kirche Gottes, die, wie wir mi Erstaunen gesehen haben, von Solchen angenommen und verfochten wurde, von denen wir uns niemals hätten träumen lassen, dass sie sich so verrennen könnten; eine Theorie, welche überdies den Teufel und seinen Anhängern so gelegen kommt, dass diese, von einem guten Katholiken angegriffen und entpuppt, sogleich zu der

selben ihre Zuflucht nehmen, und hinter ihr sich verschanzen, mit
der wichtigsten Miene der Welt fragend: „Wer seid Ihr, dass Ihr
Euch herausnehmt mich oder mein Blatt als liberal zu bezeichnen?
Wer hat Euch zum Lehrmeister in Israel gesetzt zu erklären, wer
gut katholisch ist und wer nicht? Seid vielleicht ihr es, bei denen
man um das Patent des Katholicismus nachsuchen muss?"
Diese letzte Phrase vor Allem hat, wie man zu sagen pflegt,
Glück gemacht, und es gibt keinen liberal angehauchten Katholiken,
der in schwierigen, kritischen Fällen nicht mit derselben als letztem
Behelf aufrückte. So lasst uns denn sehen, was sich darüber Gutes
sagen lässt, und ob das gesunde, theologisch richtige Lehre ist,
was die liberalen Katholiken über diesen Punkt darlegen. Wir stellen
die Frage klar und einfach ohne Umschweife in folgender Weise:
Muss man, um eine Person oder eine Schrift als liberal zu bezeichnen, immer das concrete oder ausdrückliche Urtheil der lehrenden
Kirche über diese Person oder Schrift abwarten?

Wir antworten keck: in keiner Weise. Liesse man diese liberale,
ungereimte, widersinnige Meinung geiten, so wäre damit ohne Zweifel
das wirksamste Mittel gegeben, dass alle Verdammungsurtheile der
Kirche, hinsichtlich der Schriften sowohl als der Personen, in der
Praxis ohne Wirkung bleiben würden.

Die Kirche allein besitzt rechtlich und thatsächlich das oberste
Lehramt, *magisterium supremum* **juris et facti**, indem ihre oberste
Auktorität, verkörpert im Papste, allein entgültig und unanfechtbar
die Glaubenslehren in *abstracto* qualificiren und erklären kann, dass
solche Lehren in *concreto* im Buche dieser oder jener Person enthalten sind: ausgerüstet mit einer Unfehlbarkeit, welche nicht durch
Gesetze angedichtet wie jene, die man allen höchsten Gerichtshöfen
der Erde beilegt, sondern wahr und wirklich ist, weil begründet
in dem beständigen Beistande des hl. Geistes und verbürgt durch
die feierliche Verheissung des göttlichen Heilandes, eine Unfehlbarkeit, die sich erstreckt auf das Dogma und auf die dogmatische
Thatsache und deswegen die ganze nothwendige Ausdehnung hat,
um jedwelche Frage in letzter Instanz vollständig zu entscheiden.

Nun gut. Dies bezieht sich auf das letzte und entscheidende
Urtheil, auf das feierliche und massgebende Urtheil, auf das un-
widerrufliche und unappellirbare Urtheil, wie gesagt, auf das Urtheil
in letzter Instanz. Aber dies schliesst nicht aus, dass den Gläubigen
nicht auch andere Entscheidungen als Leuchte und Wegweiser
dienen sollen, die nicht von solchem Ansehen, jedoch gleichwohl

höchst achtbar sind, die man keineswegs missachten darf und die den Christgläubigen sogar im Gewissen verpflichten können. Es sind dies folgende, und wir bitten den Leser deren Abstufung wohl zu beachten.

1. Das Urtheil der Bischöfe in ihren Kirchensprengeln. Jeder Bischof ist in seinem Sprengel Richter in der Untersuchung und Prüfung der Glaubenslehren, in der Qualification derselben und in der Erklärung, welche Bücher dieselben enthalten oder nicht. Seine Entscheidung ist nicht unfehlbar, jedoch höchst achtbar, und verpflichtet im Gewissen, wenn sie sich nicht in offenbaren Widerspruch befindet mit einer andern schon definirten Glaubenslehre, oder wenn sie nicht das Ansehen einer andern höhern Entscheidung verletzt.

2. Das Urtheil der Pfarrer in ihrem Kirchspiel. Diese Lehrauktorität ist der vorhergehenden untergeordnet, erfreut sich jedoch in seinem engern Kreise ähnlicher Befugnisse. Der Pfarrer ist Hirte und Seelsorger, und kann und muss in seiner Eigenschaft als solcher das, was den ihm anvertrauten Seelen heilsam ist unterscheiden von dem, was sie vergiftet. Seine Erklärung ist nicht unfehlbar, verdient aber alle Achtung gemäss den im vorigen Paragraphen angegebenen Bedingungen.

3. Das Urtheil der Gewissensführer. Die Beichtväter können und müssen nach ihrem besten Wissen und Gewissen sich gegenüber denen, die sich ihrer Leitung anvertrauen, aussprechen, was sie von diesem oder jenem Buche oder von dieser oder jener Lehre halten, wenn sie darüber befragt werden, sie beurtheilen nach den Regeln der Sittenlehre und Philosophie, ob jene Lektüre, oder jene Gesellschaft ihrem Beichtkinde gefährlich oder schädlich werden könne, und sie sind durchaus ermächtigt, demselben anzubefehlen, sich davon vorkommenden Falls zu enthalten. Es hat also auch der Beichtvater eine gewisse Vollmacht, ein Urtheil über Lehren und Personen abzugeben.

4. Das Urtheil eines einfachen Gottesgelehrten, der von Laien um Rath befragt wird. *Peritis in arte credendum*, sagt die Philosophie: „den Sachverständigen darf man in dem Glauben schenken, was ihr Beruf oder Fach betrifft." Natürlich nicht in dem Sinne, als ob er hierein eigentlich unfehlbar sei, sondern weil er gewissermassen besonders befugt ist, diesbezügliche Fragen zu lösen. Die Kirche verleiht dem Theologen, welcher den Docktorgrad erlangt hat, eine Art officiellen Rechtes, den Gläubigen die hl. Wissenschaft und deren Anwendungen zu erklären. Indem sie von diesem Rechte

Gebrauch machen, schreiben sie über Theologie, und beurtheilen und urtheilen nach ihrem besten Wissen und Verstehen. Ohne Zweifel besitzen sie also eine gewisse wissenschaftliche Auktorität, um in Glaubensfragen ein Urtheil zu fällen und zu erklären, welche Bücher eine fragliche Lehre enthalten, und welche Personen sich zu ihr bekennen. So censuriren und beurtheilen auch einfache Theologen auf Befehl der geistlichen Obern die Bücher die in den Druck gegeben werden, und bürgen mit ihrer Unterschrift für deren Rechtgläubigkeit. Es ist wahr, sie sind nicht unfehlbar, dienen aber den Gläubigen als vorzügliche Richtschnur in jeder gewöhnlichen und alltäglichen Frage. und man hat sich nach ihrem Urtheil zu richten, solange es nicht von einem andern, höhern aufgehoben wird.

5. Das Urtheil der einfachen, gehörig unterrichteten und aufgeklärten Vernunft. Ja, meine Lieben, auch diese ist ein *locus theologicus*, wie man in der Theologie sich ausdrückt, d. h. auch diese ist eine wissenschaftliche Erkenntnisquelle in Religionssachen. Der Glaube steht allerdings über der Vernunft. und es muss diese in Allem sich jenem unterordnen; aber immerhin ist es falsch, dass die Vernunft aus sich allein nichts vermag; es ist falsch, dass der von Gott im menschlichen Erkenntnissvermögen entzündete Funken nichts erhelle, wenn er auch nicht so erleuchtet, wie die höhere Flamme des Glaubens. Es ist daher dem Gläubigen gestattet, und manchmal obliegt ihm sogar die Verpflichtung, über Gegenstände seines Glaubens nachzudenken, Folgerungen daraus zu ziehen, Anwendungen zu machen, Vergleichungen und Analogien oder Aehnlichkeiten abzuleiten. Auf diese Weise darf schon der einfache Gläubige misstrauisch sein, sobald er nur von einer neuen Lehre hört, je nachdem er hört, je nachdem er sieht, dass sie mehr oder minder von einer schon definirten abweicht. Wenn diese Abweichung augenscheinlich ist, so kann er jene Lehre als eine schlechte bekämpfen und das Buch, welches dieselbe aufstellt und verfechtet, schlecht heissen. Was er nicht kann, ist sie *ex cathedra* (als Glaubensrichter) verurtheilen; sie jedoch für verkehrt halten, als solche auch Anderen kenntlich machen, damit sie auf der Hut seien, Lärm schlagen und die ersten Schüsse abfeuern, dies darf der gläubige Laie thun; dies that er allzeit und stets hat die Kirche ihn deswegen beifällig gelobt. Dies heisst nicht, sich zum Hirten der Herde aufwerfen, ja nicht einmal zum bescheidenen Wächter derselben: Es ist einfach das Amt eines treuen Wachthundes, der mit seinem Bellen auf die Gefahr aufmerksam macht. *Oportet adlatrare*

canes, (die Wachthunde müssen bellen), erinnerte in dieser Beziehung sehr passend ein grosser Bischof Spaniens, würdig der glänzendsten Jahrhunderte unserer Geschichte.

Und fassen vielleicht die eifrigsten Prälaten die Sache nicht auch so auf, wenn sie bei wiederholten Anlässen ihre Gläubigen ermahnen, sich des Lesens schlechter Blätter und Bücher zu enthalten, ohne gerade ihnen anzugeben, welche diese im Einzelnen seien, überzeugt, dass ihr natürlicher, vom Glauben erleuchteter Verstand genüge, um dieselben zu unterscheiden, wenn sie die schon bekannten Lehren hierauf anwenden? Und stehen etwa selbst im Index die Titel sämmtlicher von der Kirche verbotener Bücher? Stehen nicht unter dem Titel der „allgemeinen Regeln des Index" gewisse Grundsätze obenan, nach denen der brave Katholik sich zu richten hat, um viele Schriften als schlecht zu taxiren, die der Index nicht näher bezeichnet, über welche aber jeder Leser an der Hand der gegebenen Regeln aus sich selber ein Urtheil bilden kann?

Wir gehen nun zu einer allgemeinen Betrachtung über. Wozu diente die Glaubens- und Sittenregel, wenn der einfache Gläubige sie nicht auf jeden einzelnen Fall unmittelbar anwenden könnte, ohne sich beständig an den Papst und den Oberhirten der Diöcese zu wenden und um Rath zu fragen. Wie die allgemeine Sittenregel das Gesetz und die Richtschnur ist, und trotzdem Jeder noch in seinem Innern ein Gewissen (*dictamen practicum*) besitzt, vermöge dessen er besagte allgemeine Regel auf die concret gegebenen Fälle anwendet, ohne dass eine Zurechtweisung ausgeschlossen wäre, wenn er dabei vom rechten Wege abirrte; so verhält es sich auch mit der allgemeinen Regel des Glaubens, nämlich die unfehlbare Auktorität der Kirche. Diese gestattet (und sie hat ihre Gründe dafür), dass jeder mit seiner besonderen Urtheilskraft ähnliche Anwendungen auf die einzelnen Fälle mache; dies verhindert jedoch nicht, dass er zurechtgewiesen und zur Widerrufung verpflichtet werde, wenn er hiebei einen Irrthum begeht. Man macht die oberste Glaubensregel eitel, widersinnig und unmöglich, wenn man verlangt, dass sie unmittelbar von der höchsten Auktorität selbst angewendet werden müsse und zwar auf jeden gegebenen Fall, der stündlich, ja jeden Augenblick eintreten kann.

Wir haben hier eine Art rohen, satanischen Jansenismus, gleich jenem, den die Schüler des unglücklichen Bischofes von Jpres vertraten, als sie für den Empfang der hl. Sacramente eine solche Disposition, Willensmeinung und Vorbereitung verlangten, welche die-

selben für die Menschen, zu deren Heil und Trost sie eingesetzt
sind, schlechterdings unmöglich machten. Der Rigorismus in Ver-
ordnungen und Satzungen, den man hier aufstellt, ist ebenso absurd,
wie der ascetische Rigorismus, welchen man in Port-Royal predigte,
und er würde noch zu schlimmeren und traurigeren Folgen führen.
Sollte euch das etwa befremden, so gebt nur Acht auf folgende Erscheinung. Die eifrigsten Anhänger dieses rigoristischen Systems
sind gerade die hartgesottensten Sectirer der liberalen Schule. Wie
erklärt man diesen scheinbaren Widerspruch? Er erklärt sich sehr
deutlich, wenn man bedenkt, dass nichts dem Liberalismus so zu
statten käme, als die gesetzliche Kneblung seiner entschiedensten
Gegner, damit sie ja kein Wort reden und keine Feder führen
könnten. Fürwahr ein grosser Triumph wäre es für ihn, wenn er
es dahin brächte, dass unter dem Vorwande, Niemand, ausgenommen
der Papst und die Bischöfe, könne in der Kirche ein gewichtiges
Wort reden, wenn augenblicklich Schweigen auferlegt würde den De
Maistre, den Valdegamas, den Veuillot, den Villoslada, den Aparisi,
den Tejado, den Orti y Lara, den Nocedal, welche durch die Barmherzigkeit Gottes der christlichen Gesellschaft nie gefehlt haben und
nie fehlen werden. Diess liesse sich der Liberalismus just gefallen,
dass die Kirche selber ihm diesen Knechtsdienst leistete und ihre
selbsteigenen glorreichsten Helden entwaffnete.

39.

Und was sagt ihr von der furchtbaren Secte des „Laicismus", welche seit Kurzem nach der Aussage Vieler soviel Unheil in unserem Lande angerichtet hat?

Es ist hier der Ort vom Laicismus zu sprechen, von dieser
entsetzlichen Secte, wie man sie genannt hat, welche das
besondere Privilegium erhalten, die öffentliche Aufmerksamkeit in
den jüngsten Zeiten auf sich zu lenken, in denen kaum eine andere
theologische Frage diese Ehre verdient hat. Es musste wirklich
etwas sehr Ungeheuerliches sein, von dem wir hier reden, wenn sich
dagegen ein so allgemeiner Sturm erhob und sogar jene, die weniger Lust zu religiöser Polemik spüren und die weniger geneigt sind,
für die Ehre der Kirche einzustehen, es als ihre Pflicht erachteten,
gegen dasselbe loszuziehen. Der Laicismus ist eine ganz sonderbare

Irrlehre dieser jüngsten Zeit, gegen welche sich die Raserei aller
derer kehrte, die Jesum Christum hassen! Wie seltsam! Wenn sich
hinwiederum Jemand, ob Geistlicher oder Laie, gegen den Laicismus erhob, dann herrschte im Lager der Freimaurer augenblicklich
ein lärmendes Jauchzen und beifälliges Händeklatschen. Hier haben
wir eine sehr sprechende Thatsache, die Niemand in Zweifel ziehen
kann, da sie vor, Aller Augen sich ereignete. Und ist vielleicht
dieser Anhaltspunkt nicht genügend, um eine so entsetzliche Frage
sogleich von Anfang vollständig zu lösen?

Aber was ist denn der Laicismus? Seine grimmigen Gegner
haben wohl die Mühe auf sich genommen, von ihren betreffenden
mehr oder minder befugten Lehrstühlen herab, das Anathem über
ihn auszusprechen, aber nicht ihn zu definiren. Wir, die wir seit
Jahren im öffentlichen und privaten Verkehr mit ihm stehen, wollen
es versuchen, sie dieser Verlegenheit zu entheben und ihnen als
ungefähre Richtschnur bei ihren Schmähreden eine Begriffsbestimmung desselben zu geben.

Man hat folgende drei Dinge als Laicismus bezeichnet:

1. Die angebliche Uebertreibung der weltlichen Initiative in der
Beurtheilung der Personen und Lehren.

2. Die angebliche Uebertreibung der weltlichen Initiative in der Leitung und Organisation der katholischen Werke und Unternehmungen.

3. Der angebliche Mangel an Unterwürfigkeit gewisser Laien
unter die bischöfliche Auctorität.

Dies sind die drei Hauptpunkte des erbitterten Processes, den
man seit zwei oder drei Jahren gegen die Laicisten angezettelt hat.
Es ist überflüssig zu erwähnen, dass diese drei Punkte, die wir hier
zum ersten Mal klar und deutlich bezeichnet haben, von dem hoch-
trabenden Kläger, der hauptsächlich die Stimme gegen uns erhoben
hat, in seinen wüthenden, masslosen Reden niemals genau angege-
ben wurden. Das Streben, die Anklagepunkte bestimmt zu fassen
und auf Genauigkeit der Auffassungen zu dringen, darf bei ihrer in
jeder Beziehung äusserst abenteuerlichen Polemik nicht zur Geltung
kommen. Sie schreien aus Hals und Kehle: „Schisma! Glaubensspaltung! Secte! Empörung!" Sie betonen einseitig die Rechte und
Vorrechte des bischöflichen Ansehens, sie führen beständig angesehene Gewährsmänner und Kirchengesetze zum Beweise von Wahrheiten an, welche bezüglich dieses bischöflichen Ansehens Niemand
in Abrede stellt; jedoch nähern sie sich auch nicht von Ferne dem
eigentlichen Punkte der Frage, beweisen keine ihrer sehr schweren

Anschuldigungen, vergessend, dass eine unbewiesene **Anschuldigung**
überhaupt **keine** Anschuldigung **mehr ist,** sondern **eine** unverschämte
Verläumdung. Welchen Aufwand **von** Gelehrsamkeit, welche **er-
staunliche Tiefe ihres** theologischen Wissens, welch' überraschenden
Scharfsinn in Anwendung des Kirchenrechtes, welchen Schwulst
classischer Beredsamkeit hat **man nicht** vergeudet und verschwendet,
um zu beweisen, dass **die schlimmsten Gegner der** katholischen
Sache gerade **Jene seien, welche deren** unerschrockensten Vertheidiger sind; dass die **Urheber und** Begünstiger **des** Laicismus gerade
Jene seien, welchen **fortwährend der** Clericalismus **zum** Vorwurf gemacht **wird; dass gerade** Jene die Unabhängigkeit vom hl. bischöflichen **Lehramt** anstreben, **welche** zu allen Zeiten sich als die **Er-
gebensten und Gelehrigsten gegenüber der** Stimme ihrer Oberhirten
bewiesen haben in dem, was deren Gerichtsbarkeit anbelangt!

Diese letzten **Worte (in dem,** was deren Gerichtsbarkeit anbe-
langt) vergessen die grimmigen **Gegner des** sogenannten Laicismus
kläglicher Weise und vielleicht **mit Absicht;** und trotz allen Wendens,
Drehens und Deutens, welches man an der Encyklica Cum multa
versucht hat, **haben sie es doch nicht einmal so weit** gebracht, darin jene eingeklammerten **Worte zu bemerken,** welche die richtige
und natürliche Erklärung **des wesentlichen Theiles jenes** päpstlichen
Rundschreibens geben. In der That. Alle Anschuldigungen wegen
Empörung, die sie gegen gewisse Vereine und Blätter richten, wären
ganz am Platze, wenn man beweisen würde **(was** man thatsächlich
nicht beweist und nie beweisen wird), dass jene Vereine und Blät-
ter durch ihr beharrliches, männliches Sträuben **und Weigern an**
der **unglücklichen** katholisch-liberalen V e r e i n i g u n g **Theil zu neh-**
men, die **man ihnen canonisch** auferlegen wollte, **ihrem rechtmässigen** kirchlichen **Obern Widerstand** geleistet **hätten. i n e i n e m**
P u n k t e , w e l c h e r d e s s e n G e r i c h t s b a r k e i t betrifft. Das
enorme **Talent der Entdecker und** Anfechter **des** Laicismus könnte
sich wohl damit **beschäftigen. Dies** wäre **ein** Tagewerk, würdig
ihres emsigen **Schaffens ; sie müssten jedoch** sich gedulden es be-
endigt zu sehen. **Aber was ist da zu thun?** In dieser Beziehung
juckt es die Antilaicisten **nicht; auch steht in** ihren Handbüchern
der Logik nichts **von jenem Trugschluss.** den man *mutatio elenchi*
nennt; **und dies ist es gerade, was sie** beständig **verführt** *extra*
chorum **zu singen, um uns nicht eines zwar** bezeichnenderen, **aber**
gröberen Ausdruckes zu bedienen, **eines von jenen** vielen, an denen
unsere urwüchsige Volkssprache so **reich ist.**

Es ist dies wirklich ein sonderbarer Laicismus, der in Spanien und hauptsächlich in Catalonien an der Spitze aller katholischen Unternehmungen steht, die man gemeiniglich ultramontan heisst; welcher auf den Ruf des Papstes Wallfahrten veranstaltet, welcher mit Tausenden von Unterschriften die Wünsche des Papstes begünstigt; welcher fortwährend Almosen auf Almosen nach Rom sendet zur Unterstützung des heil. Vaters; welcher stetsfort auf Seite seiner kirchlichen Vorgesetzten steht, um auf einen Wink von ihnen die Gottlosigkeit zu bekämpfen; welcher katholische Schulen gründet, bezahlt und erhält, um den sogenannten confessionslosen Schulen entgegenzuwirken; welcher, in einem Wort, in der Kirche, in der Academie, in der Presse die Kriegsschaar bildet, welche stets schlagfertig und unerschrocken für die Rechte der Kirche und des heil. Stuhles einsteht. Es ist dies ein seltsamer und merkwürdiger Laicismus, dessen Freunde und vertrautesten Rathgeber, ja Seele, die musterhaftesten Priester, dessen Herd die eifrigsten religiösen Häuser sind; der allein innerhalb weniger Jahre mehr ausdrückliche Lob- und Segenssprüche vom hl. Vater erhalten, als jede andere Gruppe in einem halben Jahrhundert; der auf seiner Stirne das Kennzeichen Christi trägt durch die Verachtung und Wuth, womit all' die erklärtesten Feinde des christlichen Namens ihn betrachten und behandeln. Nicht wahr, dieser Laicismus gleicht in Allem dem reinsten Katholicismus?

Kurz: Es gibt gar keinen derartigen Laicismus, noch etwas, das ihm ähnlich wäre; wohl aber gibt es eine Schaar katholischer Laien, welche eine Armee bedeuten. Und diese bereiten in der That der katholisch-liberalen Secte viele Verlegenheiten, welche deshalb begreiflicherweise hinlänglichen Grund hat, dieselben zu hassen.

Ueberdies ist noch zu bemerken:

1. Dass der katholische Laie allzeit sich sehr lebhaft an dem religiösen Kampfe betheiligen konnte und heute unter den jetzigen Umständen mit noch weit mehr Berechtigung sich daran betheiligen kann und muss, indem er die Glaubenslehre auseinanderlegt, Bücher und Personen beurtheilt, verdächtige Gesichter entlarvt und direct auf jene Scheiben zielt, welche die Kirche zum Voraus ihm bezeichnet. Die vorzüglichste unter diesen Zielscheiben muss heutzutage der zeitgenössische Irrthum des Liberalismus und sein Sprössling, Mitschuldiger und Hehler, der liberale Katholicismus sein, gegen welche der Papst zu hundert Malen allen braven Katholiken, die

Laien nicht ausgenommen, einen Kampf ohne Waffenstillstand warm anempfohlen hat.

2. Dass der gläubige Laie zu **allen** Zeiten jede Art katholischer Werke ins Leben rufen, unternehmen, **organisiren**, leiten und vollenden **konnte** und heute **noch kann**, **wenn der** vom Kirchenrechte vorgezeichnete Rechtsweg nicht umgangen wird; **ohne jede** andere Einschränkung, **als die** von diesen bezeichnete. **Beispiele davon** geben uns grosse Heilige, welche obwohl nur einfache **Laien**, in der KircheGottes herrliche Anstalten **jeder Art**, sogar eigentliche **religiöse Orden** gestiftet haben. So **war der .hl.** Franziscus von **Assisi, welcher** (ein schlagender Beweis, **der die** Antilaicisten vernichtet) niemals **zum** Priester geweiht wurde, **nicht einmal** Subdiacon war, sondern **ein armer Laie,** als er **den** Grund **zu seinem Orden** legte. Mit **viel** grösserem **Rechte** kann **man daher ein Blatt, eine** Academie, **einen Zirkel,** ein Casino, einen Verein zur Vertheidigung **der guten Sache** gründen, wenn man sich nur an die allgemeinen Regeln hält, welche hiefür nicht **etwa das Ermessen eines Jedweden,** sondern die weise canonische Gesetzgebung aufstellt, **welcher Alle** Gehorsam und Unterwürfigkeit schulden, vom höchsten Kirchenfürsten bis zum niedrigsten Laien.

3. Dass, wo es sich um freie **Fragen handelt, keinem** Blatte oder Vereine oder Person der Vorwurf der Empörung oder des Ungehorsams zu machen ist, wenn sie sich die Freiheit nehmen, dieselben nach ihrem besonderen Urtheile zu entscheiden. Und hier ist wohl **zu bemerken und** darf durchaus **nicht** befremden, **dass wir** Katholiken **die Liberalen** über die Rechte **der wahren christlichen** Freiheit **und über den grossen** Unterschied **belehren müssen,** welcher zwischen **der edlen** Unterwürfigkeit **des Glaubens und der** niedrigen **und gemeinen knechtischen** Gesinnung besteht. Nicht einmal der Beichtvater **kann** seinem Beichtkinde **f r e i e** Ansichten (bindend) **auferlegen, mag er sie auch für** die vortheilhaftesten und sichersten **halten, noch auch der** Pfarrer seinen Pfarrkindern, noch endlich der Bischof seinen Diöcesanen. Es wäre sehr angemessen und zu empfehlen, **wenn** unsere aufgeklärten Gegner **hierüber die** kirchenrechtlichen **Werke von Bouix oder** wenigstens **die von** P. Larraga nachschlagen **würden. Gleicherweise ist kein** Verbrechen noch eine Sünde, **noch ein** lässlicher **Fehler** (und vielweniger Ketzerei, Glaubensspaltung oder anderes derartiges Zeug) in gewissen **Arten von** Widerstand zu finden, welche die hl. Kirche erlaubt und berechtigt erklärt, **und deshalb kann** Niemand sie ver-

urtheilen. Dies ist es eben, was wir behaupten, ohne darauf einzugehen, ob diese Arten von Widerstand zuweilen nicht nur erlaubt sondern auch empfehlenswerth, ja nicht nur empfehlenswerth, sondern geradezu im Gewissen verbindlich sind. Dies letztere wäre z. B. der Fall, wenn man redlich oder unredlich, in guter oder böser Absicht einen Untergebenen zu verleiten suchte, gewisse Formulare zu unterschreiben oder Verbindlichkeiten auf sich zu nehmen oder gewisse Willfährigkeiten zu genehmigen, die den Irrthum offen begünstigen und von den Feinden Jesu Christi gewünscht, begehrt und gepriesen werden. In einem solchen Falle ist es Pflicht und Schuldigkeit des braven Katholiken, um jeden Preis zu widerstehen und eher zu sterben als nachzugeben.

Dies in Bezug auf die so streitige Frage des Laicismus, welche mit einiger Ueberlegung und mittelmässiger Sachkenntnis betrachtet, nicht einmal eine Frage ist. Wenn die theologische Lehre, welche die Väter des liberalen Katholicismus hierüber entwickelt haben, stichhaltig wäre, dann hätte der Teufel wenig zu schaffen, um Herr des Schlachtfeldes zu sein; denn streng genommen, würden wir dann mit unsern eigenen Händen ihm zu Allem Bahn brechen. Um jede weltlich katholische Bewegung practisch unmöglich zu machen, gibt es kein besseres Mittel, als solche Bedingungen an dieselbe zu stellen, welche sie moralisch unausführbar machen. In einem Wort: es ist dies wie gesagt reiner Jansenismus, welchem zum Glücke die Maske schon herabgefallen ist.

40.

Ist es gerathener, die katholischen Lehren gegen den Liberalismus auf abstracte Weise zu vertheidigen oder mittelst einer Partei oder Gruppe, welche dieselben personificieren?

Tausendmal hat man diese Frage aufgeworfen, wenn auch sicherlich niemals mit der Freimüthigkeit, mit welcher wir es wagen sie hier vorzulegen. Die Ideenverwirrung, welche hinsichtlich dieses Punktes auch bei vielen unzweifelhaft wahren Katholiken herrscht, verdanken wir so viele geplante und immer wieder misslungene Vereinigungsformeln mit oder ohne Berücksichtigung der politischen Frage. — Formeln, bei denen Manche ohne Zweifel gute Absichten verfolgten, wenn sie auch Andern zum Deckmantel schlauer und treuloser Kniffe und Winkelzüge dienten.

Wir fragen nun mit aller Aufrichtigkeit und Geradheit: Ist es vortheilhafter die antiliberalen Ideen *in abstracto* (theoretisch) zu vertheidigen, als sie *in concreto* oder personifizirt in einer entschieden antiliberalen Partei zu verfechten?

Ein grosser Theil unserer Brüder, welcher strebt (wenn er es auch nicht dahin bringt) in der Politik neutral zu erscheinen, bejaht die Frage. Wir hingegen behaupten entschieden das Gegentheil; wir sind nämlich der Ansicht, dass es besser und das einzig practische, gewöhnlich wirksame Mittel sei, nicht in *abstracto*, sondern in *concreto*. d. h. nicht nur mittelst des Wortes und der Schrift, sondern mittelst einer vollkommen antiliberalen, rührigen Partei den Liberalismus anzugreifen und ihm die antiliberalen Ideen entgegenzusetzen.

Beweisen wir diese unsere Behauptung.

Um was handelt es sich hier? Es handelt sich um die Vertheidigung praktischer Ideen, welche auf das öffentliche und gesellschaftliche Leben und auf die Beziehungen zwischen den modernen Staaten und der Kirche Gottes praktische Anwendung finden. Will man nun vor Allem unmittelbar practische Erfolge erzielen, so ist es eben die practische Verfahrungsweise, welche am besten zu diesem Ziele führt. Und das Practischeste ist nicht etwa die rein abstracte und theoretische Vertheidigung der Lehren, sondern es besteht darin, Jene, welche sie auf das practische Gebiet zu verpflanzen sich bemühen, zu unterstützen und zu begünstigen, und Alle, die auf diesem practischen Boden ihrer Verwirklichung sich widersetzen, zu bekämpfen, zu demüthigen und wenn möglich zu vernichten.

Wir sind müde der poetischen und idealistischen Träumereien, welche höchstens zu einer flüchtigen Bewunderung der Wahrheit aneifern, wenn sie überhaupt soweit führen. Der Kirche muss man wie dem Herrn dienen *in spiritu et veritate*, „im Geiste und in der Wahrheit", *cogitatione, verbo et opere*, „mit Gedanken, Worten und Werken". Die gegenwärtige Frage, welche die Welt aufregt, ist in handgreiflicher Weise praktisch in dieses Ausdruckes eigenster Bedeutung.

Mehr als mit Gründen muss man also mit Thaten entscheiden; denn, sagt das Sprichwort, die Liebe zeigt sich in Werken und nicht in guten Gründen. Nicht etwa dem liberalen Geschwätze ver-

danken wir die Umkehrung der Weltordnung, sondern der still-
emsigen, wirksamen, praktischen Arbeit der liberalen Sectirer. Eher
mit der Hand als mit der Zunge hat man Gott und dem Evangelium
die gesellschaftliche Herrschaft von achtzehn Jahrhunderten ent-
rissen; also mehr mit der Hand als mit der Zunge muss man sie
wieder in dieselbe einsetzen. Die Ideen, haben wir bereits weiter
oben gesagt, fliegen nicht in der Luft herum, noch brechen sie aus
sich allein Bahn, noch regen sie aus sich allein die Welt auf. Sie
sind Sprengstoff, der kein Feuer fängt, wenn nicht Jemand da ist,
der die brennende Zündschnur hinhält, damit er sich entzünde.
Die rein theoretischen Ketzereien der Gelehrten haben der Kirche
Gottes wenig zu schaffen gegeben: mehr zu Statten kam dem Irrthum die Hand, welche das Schwert führt, als die, welche mit der
Feder Trugschlüsse schreibt. Der Arianismus hätte ohne die Unterstützung der arianischen Kaiser nichts zu bedeuten gehabt; der
Protestantismus wäre im Keime erstickt ohne die Begünstigung der
deutschen Fürsten, welche begierig waren, das Joch Karls V. abzu-
schütteln; der Anglicanismus hätte nicht aufkommen können ohne
den Schutz der englischen Lords, welche von Heinrich VIII. mit
den Gütern der Stiftungen und Klöster geködert wurden. Also muss
man der Feder die Feder, der Zunge die Zunge entgegensetzen,
und vor Allem der Arbeit die Arbeit, der Handlung die Handlung,
der Partei die Partei, der Politik die Politik, und dem Schwerte
unter Umständen das Schwert.

So hat man es immer in der Welt gemacht, und so wird man
es machen bis zum jüngsten Tag. Gott pflegt keine Wunder zu
wirken für die Vertheidigung des Glaubens, ausser in seinen An-
fängen. Hat er einmal in einem Volke Wurzeln gefasst, dann will
Gott, dass man ihn mit menschlichen Mitteln vertheidige als etwas,
das in der Welt und auf menschliche Weise zu leben sich herab-
gelassen hat.

Was man also eine katholische Partei nennt, oder welchen
andern Namen man ihr beilegen wolle, ist heutzutage eine Nothwendigkeit. Sie bedeutet einen Verein katholischer Kräfte, eine
auserlesene Schaar Katholiken, eine Verbindung katholischer Arbeiten,
um auf menschlichem Gebiete zu Gunsten der Kirche zu wirken,
dort, wohin die hierarchische Kirche oftmals sich nicht herablassen
kann. Wer könnte es missbilligen, dass man eine katholische Politik,
eine katholische Gesetzgebung, eine katholische Regierung mit gerechten, katholischen Mitteln sich zu verschaffen sucht. Hat die

Kirche nicht im Mittelalter das Schwert der Kreuzfahrer, und in der Neuzeit das Bayonnet der päpstlichen Zuaven gesegnet? Gab sie ihnen nicht ihre Fahne? Schmückte sie nicht selbst deren Heldenbrust mit ihrem Abzeichen und ihrer Losung? Wenn der hl. Bernhard sich nicht begnügte, hierüber begeisterte Predigten zu schreiben, sondern Soldaten sammelte und sie nach den Küsten des hl. Landes führte, warum sollte man es unschicklich finden, dass - eine katholische Partei heute einen Kreuzzug unternimmt, welchen die Umstände erlauben, den Kreuzzug der Blätter, der Vereine, der Abstimmungen, der öffentlichen Kundgebung, während sie sich geduldet, bis die grosse, weltgeschichtliche Stunde schlägt. in der es dem Allmächtigen gefällt das Schwert eines neuen Constantin oder eines zweiten Karl des Grossen zu Gunsten seines geknechteten Volkes zu senden?

Es würde befremden, wenn diese Wahrheiten der liberalen Secte nicht als Gotteslästerungen erscheinen würden. Wohlan, wir müssen sie gerade desbalb für die zuverlässigsten und weitaus zeitgemässesten Grundsätze halten.

41.

Ist es Uebertreibung, nur eine von Grund aus antiliberale Partei als vollkommen katholische Partei anzuerkennen?

„Was Ihr da sagt, überzeugt uns (wird mancher der Unsrigen ausrufen: ich sage der Unsrigen, jedoch von denen, welche bezüglich Alles dessen, was an Politik und Partei streift, übermässig besorgt und täppisch furchtsam sind), aber wie muss denn diese Partei beschaffen sein, welcher der gute Katholik sich anschliessen soll, um, wie Ihr sagt, concret und praktisch seinen Glauben gegen den Druck des Liberalismus zu vertheidigen? Der Parteigeist kann Euch hier verblenden und irre führen, und bewirken, dass Euch, sogar zu Eurem Leidwesen, eher die Begierde entflammt, mittelst der Religion einen bestimmten politischen Zweck zu begünstigen, anstatt mittelst der Politik die Religion."

Es scheint uns gut, freundlicher Leser, hier die Schwierigkeit in ihrer ganzen Kraft anzuführen, und zwar so wie man sie von vielen Leuten vorbringen hört. Zum Glück kostet es uns nicht viel dieselbe zu lösen, obschon viele unserer Brüder in ihr befangen sind und nicht über sie hinauskommen.

Wir behaupten also, ohne zu befürchten, dass uns Jemand vernünftigerweise widersprechen könne, dass, um den Liberalismus zu bekämpfen, ein einträchtiges Zusammengehen und Zusammenwirken mit der durchaus antiliberalen Partei das Erspriesslichste und zugleich das Folgerichtigste ist

Was Sie nicht sagen! Dies ist eine allbekannte Wahrheit, die besonders zu erwähnen lächerlich ist!

Jedoch ist es eine Wahrheit. Und wer ist denn schuld daran, wenn man gewissen Leuten die gründlichsten Wahrheiten der Philosophie in Form von allgemein Bekanntem und Selbstverständlichem vorzubringen gezwungen ist? Nein, es ist nicht Parteigeist, es ist Geist der Wahrheit, wenn wir behaupten, dass nur eine wahrhaft katholische Partei dem Liberalismus wirksam Widerstand leisten könne, und dass folgerichtig nur eine von Grund aus antiliberale Partei eine durchaus katholische Partei ist.

Dies will natürlich gewissen Leuten nicht munden, die sich ihren Gaumen an Mischmaschbrühen (*salsas mestizas*) verdorben haben; immerhin ist es einmal unumstössliche Wahrheit. Der Katholicismus und der Liberalismus sind Systeme, welche in den Lehrsätzen und im Verfahren einander wesentlich widersprechen, wie wir in diesen unsern Artikeln zur Genüge bewiesen zu haben glauben. Man muss also anerkennen, so bitter und hart dies Jemanden ankomme, dass man nicht ganz katholisch ist, ausser insofern man ganz antiliberal ist. Diese Ideen ergeben eine streng mathematische Gleichung. Die Menschen und die Parteien sind (ausgenommen wenn sie im guten Glauben irren) insoweit Katholiken der Lehre nach, insofern sie sich zu keiner antikatholischen Idee bekennen. Nun ist es einleuchtend, dass sie immer zu einer antikatholischen Lehre sich bekennen, so oft sie wissentlich ganz oder theilweise sich zu einer liberalen Lehre bekennen. Sagt man also: Jene liberale Partei, oder jene offenbar liberale Person ist nicht katholisch, so ist dies ebenso richtig, als wenn man sagt: Das Weisse ist nicht schwarz, das Rothe ist nicht blau. Es heisst einfach von einem Gegenstande dasjenige aussagen, was sich logisch ergibt, wenn man das Gesetz des Widerspruches auf denselben anwendet: *Nequit idem simul esse et non esse:* „Ein und dieselbe Sache kann nicht zu gleicher Zeit sein und nicht sein." Nun trete der hartgesottenste Liberale vor, und sage, ob es auf der lieben

Welt einen **mathematischen Lehrsatz gebe, der besser stimmt** und klappt **als dieser: Es gibt keine** andere vollkommen katholische **Partei, als eine von Grund aus antiliberale** Partei.

Keine andere Partei, **wir wiederholen** es, ist katholisch und **kann bei den** Katholiken als solche **im wahren** Sinne gelten, ausser jene, **welche sich** zu entschieden antiliberalen Ideen bekennt, dieselben **aufrechthält und** nach ihnen handelt. Jede andere, so achtbar sie sei. so **conservativ** sie sich zeige, **so** sehr **sie dem** Lande einen materiellen **Fortschritt** verschaffe, so sehr **sie** selbst der Religion **zufälligerweise** Wohlthaten erweise und Vortheile gewähre, es ist nun einmal **keine** katholische Partei, sobald sie **zeigt,** dass sie **auf** liberalen Grundsätzen **fusst,** vom liberalen Geiste beseelt **und auf** liberale Zwecke **gerichtet ist.** Wir sprechen so, indem wir **Bezug nehmen** auf etwas, **das wir** weiter oben angedeutet haben, **dass es** nämlich Liberale **gebe,** welche vom Liberalismus blos die Grundsätze annehmen, die **Anwendungen aber verwerfen;** umgekehrt gebe **es wieder solche, welche die Anwendungen** annehmen, aber nicht (wenigstens **ohne Scheu) die Grundsätze** sich **zu** eigen machen wollen. Wir **wiederholen also, dass eine liberale** Partei, **sei** sie liberal blos hinsichtlich **ihrer Grundsätze, oder** auch in Rücksicht ihrer Anwendungen, **ebenso wenig katholisch ist,** als das Weisse schwarz, **als das Viereck ein Kreis, das Thal ein Berg,** die Finsternis das Licht **sein** kann.

Die revolutionäre Tagespresse, welche **eine** ausschliesslich ihr **eigene** Philosophie und Literatur aufgebracht hat, um die Welt **zu verwirren, hat** auch **eine ihr** eigenthümliche Art über etwas **zu** sprechen **erfunden. Sie besteht** nämlich nicht **in** einer vernünftigen Besprechung, wie sie **von** altersher Brauch war, indem **man** von unumstösslichen Grundsätzen und gegebenen Vordersätzen Folgerungen und Schlusssätze ableitete, sondern in einem Salbadern, wie es auf den Marktplätzen und **inden** Kreisen der Klatschbasen üblich ist: Die Aristokratie der logischen Kategorien ist abgeschafft, die Vasallenschaft im Gedankenreiche aufgehoben, **man** bewegt sich durch Eindrücke, man posaunt nach rechts und **nach** links hochtönende Schlagwörter (*sesquipedalia verba*) **aus,** man verdunkelt und verwirrt sich und Andern den Kopf **und** verursacht dem Kopfe Schwindel **ob** dem wirren Durcheinander **einer feuerspeienden Prosa,** anstatt **ihn** zu erleuchten mit dem **klaren und heitern Licht** einer wohlgeordneten Schlussfolgerung und Ideenverkettung. Sicherlich wird sich jene Tagspresse ärgern, dass **wir das** Beiwort „katholisch" so vielen **Parteien** absprechen, welche einerseits im öffentlichen Leben von Männern vertreten werden, die mit der Kerze in der Hand sich an unsern Prozessionen betheiligen, anderseits in der Presse von so vielen Organen vertreten werden, die in der hl. Charwoche Klagelieder anstimmen auf den Martyrer von Golgatha (reiner Stil des Fortschrittes!), oder zu Weihnachten Hirtenlieder flöten dem Kindlein von Bethlehem, und mit diesem allein schon glauben eine katholische Politik zu vertreten, und zwar noch besser als der grosse Cisneros und unsere berühmte Isabella I. Nichtsdestoweniger sagen wir ihnen, auch auf die Gefahr hin ihnen ein Aergernis zu geben, dass sie ebensowenig katholisch sind als diese Letzten Lutheraner oder Freimaurer waren. Jedes Ding ist das, was es ist und nichts weiter. Der gute Schein, welcher Art er auch sei, kann niemals das gut machen, was wesentlich schlecht ist. Und mag der Liberale auch wie ein Katholik reden, und in Allem sich scheinbar wie ein Katholik aufführen, er ist nun einmal liberal und nicht katholisch. Höchstens wird er ein verschämter Liberaler sein, der die Katholiken in Sprache, Tracht, Manieren und Auftreten nachäfft.

42.

Eine beiläufige, sehr klare und einfache Erklärung eines von Vielen missverstandenen Wahlspruches der Revista popular.

„Aber wie übel angebracht", wird mancher sagen, „ist dann das Motto, welches für Viele geradezu Dogma ist, und auch in Euren Schriften so oft ertönt: „Nichts, auch keinen Gedanken, für die Politik, — Alles, bis zum letzten Athemzuge für die Religion?"

Dieser Wahlspruch, meine Freunde, ist ganz am Platze und kennzeichnet vollkommen, ohne etwa die bisher dargelegten Lehren zu beeinträchtigen, das volksthümliche Blatt, welches denselben wöchentlich an die Spitze seiner Spalten druckt.

Die Erklärung desselben ist einfach und ergibt sich ganz natürlich aus dem Charakter des volksthümlichen Kampfes für die

---

*) Ein bedeutendes illustrirtes religiöses Wochenblatt, dessen Leitung in den Händen des Verfassers. Es erscheint in Barcelona bei D. Miguel Casals, Pino, 5.

gute Sache und aus dem rein populären Sinn, welchen bestimmte
Ausdrücke in demselben erhalten.

Durchgehen wir die Sache in Eile.

Politik und Religion in ihrem höhern und metaphisischen Sinne,
sind keine entgegengesetzten oder auch nur getrennte Ideen; vielmehr
ist die erste in der zweiten enthalten, wie der Theil im Ganzen
steckt, oder wie der Ast an den Baum gewachsen, um uns eines
noch gewöhnlichern Vergleiches zu bedienen. Die Politik oder die
Kunst die Völker zu regieren, ist in ihrer moralischen Hinsicht
(von welcher hier einzig die Rede) nichts Anderes als die Anwendung
der grossen Principien der Religion auf die Einrichtung, Regelung
und Leitung der Gesellschaft durch gehörige Mittel zum gehörigen
Endzwecke.

In dieser Auffassung ist die Politik Religion oder Bestandtheil
derselben, gerade wie die Kunst ein Kloster zu regieren, oder das
Gesetz, welches das eheliche Leben oder die gegenseitigen Pflichten
der Eltern und Kinder regulirt; daher wäre es absurd zu sagen:
„Ich will nichts mit der Politik zu schaffen haben, weil ich in
Allem nur die Religion suche“, indem eben die Politik ein sehr
wichtiger Theil der Religion ist. Denn sie ist (oder sollte es sein)
einfach eine ausgedehntere Anwendung der Grundsätze und Regeln,
welche für die menschlichen Angelegenheiten die Religion anbefiehlt,
die sie alle in ihrem unermesslichen Umkreise umspannt.

Aber das Volk ist kein Metaphysiker; und in den Schriften
des populären Kampfes für die gute Sache gibt man den Worten
nicht jene strenge Deutung, wie sie in den Schulen üblich ist.

Spräche man mit metaphysischem Tiefsinne, so würde der
katholische Volksschriftsteller in populären Kreisen, wo er eben sein
besonderes Publikum sucht, nicht verstanden werden. Es ist daher
für ihn unerlässlich, gewissen Wörtern jenen Sinn zu geben, welchen
ihnen das gemeine Volk gibt, von dem er verstanden werden will.

Und was versteht denn das Volk unter Politik? Das Volk
versteht unter Politik diesen oder jenen König, oder den Präsidenten
der Republik, dessen Bildnis es auf den Münzen und auf dem
Stempelpapier sieht; das Ministerium, das unlängst gestürzt wurde,
und jetzt sich wieder emporgearbeitet hat; die Abgeordneten, die
einander in die Haare gerathen wegen der Bildung der Kammermehrheit; den Statthalter und den Bürgermeister mit ihren Wahl-
umtrieben; den Zolltarif und den Steueransatz, welcher erhöht oder
ermässigt werden soll; die Besoldung der Beamten und die Kosten

des Heerwesens u. s. w. Dies ist für das Volk Politik und zwar die gesammte Politik; es kennt keine höhere, transcendentale Sphäre. Sagt man daher dem Volke: „Wir wollen mit Dir nicht von Politik sprechen," so heisst dies nur soviel, dass es von dem ihm dargebotenen Blatte nicht erfahren kann, ob Republik oder Monarchie sei; ob dieser oder jener Fürst von niederer Abkunft oder aus königlichem Geblüte die Krone an sich bringe und das Scepter in mehr oder minder demokratischem Sinne führe; ob Dieser oder Jener im Namen des fortschrittlichen oder conservativen Ministeriums ihm befehle, die Steuern eintreibe oder Bussen verhänge; ob man den Meier an Stelle des Müllers zum Bürgermeister ernennt; oder ob der Salz- oder Tabackverkauf von Diesem an Jenem übergegangen ist. Und damit weiss das Volk, dass man mit ihm nicht von Politik sprechen werde (denn für das Volk gibt es keine andere als diese), und somit nur von Religion.

Die Zeitschrift also, welche von Anfang jenes Motto gleichsam als ihr Programm obenan druckte und noch fernerhin drucken wird, that wohl daran und wird, nach unserm bescheidenen Urtheile, auch künftig wohl daran thun. So haben es Alle verstanden, welche den Geist unseres Blattes seit seinem ersten Erscheinen richtig begriffen haben, und sie bedurften zu dessen Verständnis keiner Kniffe und Spitzfindigkeiten. Dieselbe Zeitschrift hat es denn auch, wenn ich mich nicht irre, über sich genommen, dasselbe in seinem ersten Artikel zu erklären. Dort hiess es nach Bekräftigung dieses Motto, welches in demselben Sinne, wie wir es oben gethan, dargelegt wurde, u. A. also: „Wir werden kein Wort verlieren über die vor-übergehenden Uneinigkeiten, welche die Söhne unseres Vater-landes beunruhigen und aufregen. Ob der X oder der Z befehle, ob sich die Centralisten oder Föderalisten emporschwingen; sofern man nicht unsere katholischen Rechte schmälert und verkümmert oder unsere Gewissen und Ueberzeugungen verletzt, versichern wir auf Ehre, keinen Widerstand entgegenzusetzen Das Unveränderliche (wohl bemerkt!) das Ewige, das Höhere über den elenden Parteiränken, dies ist es, was wir vertheidigen und dem wir unser ganzes Dasein opfern."

Hierauf, um den wahren Sinn jenes Motto „Nichts für die Politik" besser zu beleuchten und auch für den beschränktesten Kopf klar zu machen, fuhr jener Artikel also fort: „Jedoch bewahre uns Gott davor, auch den leisesten Tadel gegen jene guten Blätter aussprechen zu wollen, die, während sie dieselbe heilige Sache, wie

wir vertheidigen, **die Verwirklichung** eines politischen Ideals anstreben, **welches dem Lose** des bedrängten Katholicismus in unserm
Vaterland und in Europa vielleicht günstiger ist. Gott weiss es,
wie sehr **wir sie lieben und bewundern**, und welchen Beifall wir
ihnen zollen. **Sie** machen **sich verdient um** die Religion und die
guten Sitten; sie sind die Lehrer **unserer** unerfahrenen Jugend;
in **ihrem** wohlthätigen Schatten **ist ein** entschieden katholisches und männlich wehrhaftes, streitbares Geschlecht herauge-
wachsen, welches unsere Trübsale mit reichlichem **Troste entschä-**
digt. Sie sind unsere Vorbilder und wir werden. wenn
auch von ferne, ihren gesegneten Fussstapfen und lichten Spuren folgen, die sie in unserer zeitgenössischen
Geschichte zurücklassen."

So schrieb die *Revista popular* am 1. Jänner 1871.

Es mögen also die Aengstlichen **sich** beruhigen. **Was** wir hier
gesagt haben, **steht in** keinem Widerspruche **zu** dem, was wir
damals schrieben, **noch muss** man jenes beschränken, mildern oder
modificiren, um **es mit diesem in** Einklang **zu** bringen. Beide
Unternehmen harmoniren auf's Innigste: jenes, dessen Wahlspruch
lautet: „Nichts für die Politik" **und** jenes, welches da räth. die
Religion gegen den Liberalismus **auf** politischem Gebiete und mit
Hilfe einer politischen Partei **praktisch** zu vertheidigen; **sie** reichen
sich beide gleich guten Schwestern **die** Hand; ja man könnte **sie**
die Zwillingsgeburt einer einzigen **Seele** und eines einzigen Herzens
nennen.

43.

Eine **sehr** praktische und beachtenswerthe Bemerkung über **den** anscheinend verschiedenen Charakter, welchen **der** Liberalismus in den verschiedenen Ländern **und in den verschiedenen** geschichtlichen Perioden ein und desselben Landes darbietet.

Der Liberalismus **ist,** wie wir **gesagt,** eine praktische und
theoretische Ketzerei, **und** dieser sein hauptsächlicher Charakter erklärt sehr viele Erscheinungen, welche dieser verfluchte Irrthum

in seinem Entwicklungsgange in Mitten der modernen Gesellschaft
darbietet. Die erste darunter ist die scheinbare Manigfaltigkeit, mit
der er bei jeder einzelnen der damit behafteten Nationen auftritt.
Es hat dies, wie es scheint, (Vielen in gutem Glauben und Anderen
in böser Absicht) die Veranlassung gegeben, die falsche Idee auszustreuen, es gebe nicht etwa nur eine einzige Gattung von Liberalismus, sondern viele. Wirklich nimmt der Liberalismus, Dank dieses
seines praktischen Charakters, in jedem Lande eine gewissermassen
verschiedene Form an ; obschon sein innerster und wesentlicher
Begriff (die Emancipation der Gesellschaft vom christlichen Gesetze
oder der politische Naturalismus) überall ein und derselbe ist, so
ist doch sein äusseres Gepräge mit dem er sich dem Studium des
Beobachters darbietet sehr manigfaltig. Der Grund hievon ist sehr begreiflich. Ein ketzerischer Satz ist der nämliche und bedeutet das Nämliche in Madrid wie in London, in Rom wie in Paris oder in Petersburg.
Noch mehr : eine Lehre, welche man eher suchte immer in Thaten
und Einrichtungen als in freimüthig abgefasste Thesen zu über-
setzen, muss nothwendig Vieles von dem Klima des Landes, von
dem physiologischen Temperament, von der geschichtlichen Vergangenheit, von den Interessen der Gegenwart, vom Stande der
Ideen und von tausend andern begleitenden Umständen annehmen.
All' dieses muss daher, wie gesagt, ihr ein verschiedenes äusseres
Gepräge aufdrücken, welches sie vielfältig erscheinen lässt, während
sie in Wirklichkeit nur eine und untheilbar ist. So zum Beispiel,
wer nur den ausgelassenen, frechen, von voltärianischem Gift und
Galle gegen alles Christliche trunkenen französischen Liberalismus
studiert hätte, würde den heuchlerischen, seminopstischen, gehätschel-
ten und in seiner unglücklichen Wiege zu Cadix anfangs dieses Jahrhunderts beinahe unter Anrufung der allerheiligsten Dreifaltigkeit
getauften spanischen Liberalismus schwerlich verstehen. Es war
also sehr leicht möglich, dass ein oberflächlicher Beobachter sofort
den Schluss machte, der sanfte spanische Liberalismus habe nichts
zu schaffen mit dem rücksichtslosen, unverfrorenen, teuflischen
Liberalismus, zu dem sich gleichzeitig unsere Nachbarn bekannten.
Und dennoch sah schon damals ein scharfes Auge das ein, was
nun die Erfahrung von einem halben Jahrhundert auch den Kurz-
sichtigsten deutlich vor Augen geführt hat, dass nämlich der fröm-
lerische Liberalismus, dessen Anhänger mit der Kerze in der Hand
hinter dem Processionskreuze hergiengen, der Liberalismus, welchem
in der ersten constitutionalen Epoche verständige Behörden Vater-

stelle vertraten und angesehene Priester und sogar erhabene kirchliche Würdenträger Gevatter standen, der Liberalismus, welcher die Artikel seiner Verfassung auf der Kanzel unserer Pfarrkirchen zu lesen befahl und mit Glockengeläute und Anstimmung des *Te Deum* den höllischen Sieg der Freimaurerei über den Glauben des alten Spaniens feierte, war dem wesentlichen Begriffe nach gleich gottlos und teuflisch, wie der Liberalismus, welcher die Vernunftgöttin auf die Altäre von Paris stellte und durch amtliches Decret die Abschaffung des katholischen Gottesdienstes in ganz Frankreich verordnete. Der Unterschied war einfach der, dass der Liberalismus in Frankreich ohne Maske auftrat, wie er es dort unter den obwaltenden gesellschaftlichen Zuständen der französischen Nation eben konnte; indess er sich in Spanien geschickt und schlau eindrängte und gedieh, wie er eben nur hier bei unsern gesellschaftlichen Verhältnissen wachsen und gedeihen konnte, nämlich verlarvt mit der Maske des Katholicismus, und selbst von vielen Katholiken gerechtfertigt, entschuldigt oder besser beschützt, ja beinahe an der Hand geführt und mit amtlichen Siegel als vollberechtigt erklärt.

Heutzutage ist dieser Contrast oder Abstand nicht so ausserordentlich, so gross und so ununterbrochen waren die Täuschungen, in deren Lichte man die Frage studierte, und so viel Licht haben die wiederholten Erklärungen der Kirche hierüber verbreitet. Dennoch hört man so etwas nicht selten von Vielen, welche glauben oder sich einreden, dass man in Spanien irgendwie liberal sein könne, aber nicht anderswo, z. B. in Frankreich oder Italien, wo die Frage einen andern Charakter habe. Dieser Fehler ist eben Jenen eigenthümlich, welche eher auf das Nebensächliche der Frage schauen, als auf ihren eigentlich wesentlichen Grund.

Es war angezeigt über all' dieses in's Klare zu kommen und wir haben es in diesen Capiteln klar zu machen versucht, weil der Teufel sich mit diesen Unterscheidungen und Begriffsverwirrungen verschanzt und deckt, worin eines seiner Meisterstücke besteht. Dieses verpflichtet uns überdies hier einige Gesichtspunkte aufzuzählen, unter denen man das sehr klar sieht, was Manchen hinsichtlich der besonderen Fälle mitunter sehr unklar und zweifelhaft vorkommt.

1. Es gibt nur einen Liberalismus, wie es nur eine Menschengattung gibt; dennoch unterscheidet er sich bei den verschiedenen Nationen und in den verschiedenen Himmelsstrichen, gerade wie das

Menschengeschlecht in jedem Landstrich verschiedene Typen darbietet. Wie von Adam der Weisse, der Gelbe, der Braune und der
Schwarze abstammen, und aus dem nämlichen Stamme der feurige
Franzose und der kaltblütige Deutsche, der nüchterne Engländer und
der träumerische, idealistische Spanier und Italiener, hervorgingen;
so sind vom gleichen Stamme und vom gleichen Holze der Liberale,
welcher mancher Orts brüllt, tobt und Gott lästert wie ein Satan,
wie jener, der anderswo Gebete herbrummelt und an die Brust
klopft wie ein Einsiedler; jener, welcher im Amigo del pueblo die
giftigen Diatriben Marat's zum Besten gibt, wie derjenige, der mit
höflichen und galanten Formen die Gesellschaft verweltlicht, oder
diejenigen vertheidigt, unterstützt und rechtfertigt, welche an deren
Verweltlichung arbeiten, wie z. B. die Epoca oder der Imparcial.
2. Der Liberalismus hat ausser der besonderen Form, die er
bei jedem Volke wegen dessen eigenthümlichem Temperamente oder
dessen Indiosynkrasie (ein goldenes Wort!) aufweist, noch eine besondere
Gesichtsbildung je nach seinem grösseren oder geringeren Grade der
Entwicklung in jedem Lande. Es ist wie mit einer bösartigen
Schwindsucht, die verschiedene Perioden durchläuft und in jeder
derselben besondere eigenthümliche Symptome aufweist. So befindet
sich die eine Nation, wie z. B. Frankreich, im höchsten Grade dieser Schwindsucht, schon ausgezehrt von der Fäulnis bis auf ihre
innersten Eingeweide; die andere, wie z. B. Spanien, hat noch in
einem beträchtlichen, ja sehr grossen Theile seines Organismus ge-
sundes Blut. Man kann daher eine Person nicht einzig deshalb für
ganz gesund halten, weil sie verhältnismässig weniger krank ist
als ihr Nachbar; noch darf man aufhören Pest und Ansteckung das
zu nennen, was es in Wirklichkeit ist, mag es auch noch nicht mit
dem ekelhaften Geruche der Vereiterung, des Brandes und der Zer-
setzung auftreten. Schwindsucht ist das Eine wie das Andere und
am Ende wird der Brand bei Diesem sich einstellen wie bei Jenem,
wenn nicht zeitig das Uebel mit passenden Heilmitteln getilgt wird.
Es mache sich der arme Schwindsüchtige keine Illusion, sich wohl
zu befinden, weil sein innerstes Lebensmark noch nicht gerade von
der Fäulnis angegriffen ist wie bei Andern, deren Krankheit schon
weiter vorgerückt ist; noch glaube er falschen Aerzten, welche ihm
einreden, dass sein Uebel, weil ungefährlich, nicht zu fürchten und
dass Alles nur Uebertreibungen und Besorgnisse der unduldsamen,
schwarzsehenden Pessimisten seien.
3. Der verschiedene Grad einer Krankheit erfordert eine ver-

schiedene Behandlung und Cur. Das leuchtet von selbst ein und
wir brauchen keine Zeit damit zu verlieren, dies erst zu beweisen.
Trotzdem gibt die Ausserachtlassung dieser Wahrheit bei der Vertheidigung der katholischen Sache zu häufigen Missgriffen Anlass.
Es geschieht sehr oft, dass man sehr weise und sehr kluge Regeln,
welche von grossen katholischen Schriftstellern gegen den Liberalismus eines gewissen Landes aufgestellt werden, in einem Andern als
gewichtige Beweisgründe zu Gunsten des Liberalismus selber und
gegen das Verhalten anführt, das in diesem Lande die angesehen-
sten Verbreiter und Verfechter der guten Sache vorschreiben. Unlängst haben wir gesehen, wie man als Missbilligung des Feldzugs-
planes der entschiedensten Katholiken Spaniens eine Stelle des Cardinal Manning anführte, jener Leuchte der katholischen Kirche in
England und der gewiss nichtsweniger als den Verdacht erregt,
liberal, oder Freund der liberalen Engländer oder Spanier zu sein.
Was ist denn hierauf zu erwidern? Einfach Folgendes: Es sagt ein
Kernspruch der Rechtsgelehrten: *Distingue tempora et concordabis
jura:* „Unterscheide die Zeiten und Du wirst die Rechte in Einklang
bringen". Anstatt dessen sage: *Distingue loca:* „Unterscheide die
örtlichen Verhältnisse" und wende es auf unsern Fall an. Ein Beispiel wird dies klar machen. Die Vorschrift des Arztes für einen
Schwindsüchtigen im dritten Grade, wäre vielleicht nachtheilig, wollte
man sie auf einen Auszehrenden im ersten Grade anwenden; und
umgekehrt würde das für diesen verordnete Recept vielleicht den
plötzlichen Tod Jenes herbeiführen. Gleicherweise würden ganz
passende Heilmittel gegen den Liberalismus des einen Volkes auf
den Zustand eines andern angewendet, von gegentheiliger Wirkung
sein. Klarer und ohne Allegorien und Bilder: Entscheidungen,
welche in England die dortigen Katholiken als äusserst vortheilhaft
nachsuchen und annehmen und segnen, müssen in Spanien als be-
klagenswerthes Unheil um jeden Preis bekämpft werden; Verträge,
welche der apostolische Stuhl mit gewissen Regierungen abgeschlossen hat und für denselben eigentliche Siege gewesen sind, konnten
hierzulande blos schmähliche Niederlage des Glaubens sein. Demnach können Worte, mit welchen irgendwo ein bedeutender Publicist oder weiser Prälat den Liberalismus mit sehr grossem Erfolge
bekämpft hat, anderswo furchtbare Waffen sein, mit denen der Liberalismus die Anstrengungen der entschiedensten Kämpen des
Katholicismus vereitelt. Nach diesem ist auch die Beobachtung zu
bemessen, die wir Alle vor Augen haben. Habt Ihr nicht bemerkt,

wie die entschiedensten Begünstiger des liberalen Katholicismus in unserm Vaterlande ihre Zeugnisse und Auctoritäten fast immer aus der Presse und dem Episcopate Belgiens oder Frankreichs hernehmen?

4. Die geschichtliche Vergangenheit und der gegenwärtige gesellschaftliche Zustand eines jeden Volkes ist das, was hauptsächlich den Character des Feldzuges gegen den Liberalismus in einem Lande bestimmen muss, wie dasselbe auch den jedesmaligen Charakter des Liberalismus eines Volkes bestimmt. So muss der Feldzug gegen den Liberalismus in Spanien vor allen Dingen und in erster Linie spanisch und nicht französisch, noch belgisch, noch deutsch, noch italienisch, noch englisch sein. In unseren eigenen Ueberlieferungen, in unseren eigenen Gewohnheiten, in unseren eigenen Schriftstellern, in den eigenthümlichen Anlagen unserer Nation, hat man den Ausgangspunkt zu unserer Wiederherstellung zu suchen, sowie auch die geeigneten Waffen, sie zu unternehmen und zu beschleunigen. Der verständige Arzt sucht zuvörderst seine Arzneien nach der vererbten körperlichen Beschaffenheit des Kranken einzurichten. Hier, wo wir immer kriegerisch gewesen, ist es sehr natürlich, dass auch unser Verfahren immer etwas kriegerisch ist; hier, grossgezogen, wie wir sind, in den Erinnerungen eines volksthümlichen Kampfes von sieben Jahrhunderten zur Vertheidigung des Glaubens, darf man niemals dem katholischen Volke Spaniens es als Verbrechen vorwerfen, einige Male mit Waffen sich erhoben zu haben zur Vertheidigung seiner verachteten Religion; hier in Spanien („ein Land ewigen Kreuzzuges", wie es der berühmte P. Faber im Tone edlen Neides nannte) waren das Schwert dessen, der da im wilden Kampfe die Rechte seines Gottes vertheitigte, und die Feder dessen, der sie in Schriften predigte, allzeit Schwestern, niemals Feindinnen; hier, von St. Hermenegild, dem Apostel Spaniens angefangen, bis auf den Krieg der Unabhängigkeit von den Muhamedanern und noch weiter herauf zu uns, ist die bewaffnete Vertheidigung des katholischen Glaubens eine nahezu heilige That. Das Nämliche ist von dem etwas scharfen Styl zu sagen, welcher in den Polemiken angewendet wird; das Nämliche von der geringen Rücksicht gegenüber dem Gegner; das Nämliche von der heiligen Unverträglichkeit, welche auch nicht die entfernteste Verwandtschaft oder Aehnlichkeit mit dem Irrthume gestattet. Auf spanische Art! wie unsere Väter, wie unsere Heiligen und Blutzeugen: auf diese Weise wünschen wir, dass das spanische Volk

fortfahre, die hl. Religion zu vertheidigen, nicht etwa wie es die Zustände anderer Nationen vielleicht rathen oder erfordern.

44.

Was ist über die auch in jüngster Zeit so vielbesprochene „These" und „Hypothese" bezüglich des Liberalismus zu sagen.

Dies wäre der geeignetste Ort, die berühmte Frage der These und der Hypothese zu beleuchten, welche in jüngster Zeit so viel zu reden gab und vielfach zu einer Art Brustwehr oder Schanze dient, hinter welcher sich der in den letzten Zügen liegende liberale Katholicismus neulich zu decken suchte. Aber die Rahmen dieser Arbeit, welche schon zu sehr angewachsen ist, gestatten nicht uns weiter darüber zu verbreiten; wir müssen uns daher auf wenige Worte beschränken, indem wir uns grösstmöglicher Kürze befleissen.

Was ist die These? Es ist die einfache und absolute Pflicht, welche jeden Staat oder Gesellschaft verpflichtet gemäss dem Gesetze Gottes, nach der dem kirchlichen Lehramte anvertrauten Offenbarung seines Sohnes Jesu Christi zu leben.

Was ist die Hypothese? Es ist der Hypothetische oder angenommene Fall, in dem sich ein Volk oder ein Staat befindet, wo man aus Gründen moralischer oder materieller Unmöglichkeit nicht mit Sicherheit und ohne Weiteres die These oder das Reich Gottes ausschliesslich aufstellen kann, und wo es alsdann nothwendig wird, dass die Katholiken sich mit dem begnügen, was jene hypothetische Lage gewähren kann, indem sie sich noch glücklich schätzen, wenn sie es wenigstens erreichen, die materielle Verfolgung zu vermeiden, oder im Genusse gleicher Rechte mit den Feinden ihres Glaubens zu leben, oder vor ihnen die unbedeutendste Summe bürgerlicher Vorrechte vorauszuhaben.

Die These bezieht sich also auf den absoluten, unbedingten Charakter der Wahrheit; die Hypothese berücksichtigt die mehr oder minder drückenden Verhältnisse, denen sich die Wahrheit manchmal in der Praxis unter den gegebenen hypothetischen Zuständen eines jeden Volkes unterziehen muss.

Unsere Frage ist nun diese: Befindet sich denn Spanien in

solchen hypothetischen Verhältnissen, welche die harte Bedrückung, die sich bei uns die katholische Wahrheit gefallen lassen muss, und das abscheuliche Bürgerrecht, welches man dem Irrthume einräumt, als ein nothwendiges Uebel annehmbar machen? Die so oft versuchte Verweltlichung der Ehe und der Friedhöfe; die scheussliche Zügellosigkeit des Sittenverderbnisses und der Gotteslästerung, welche man der Presse gestattet und ungestraft hingehen lässt; der wissenschaftliche Rationalismus, eingeimpft der Jugend durch den staatlichen Unterricht: sind diese und andere Freiheiten zum Verderben, welche da den Leib und die Seele des Liberalismus bilden, dergestalt von unserm gesellschaftlichen Zustande gefordert, dass es dem Herrscher wirklich durchaus unmöglich ist, davon abzusehen und Umgang zu nehmen? Ist der Liberalismus hier etwa ein geringeres Uebel, welches die Katholiken ertragen und gleichsam als Arznei und Gegengift gegen grössere Uebel schlucken müssen? Oder ist er vielmehr ein höchst trauriges Uebel, welches uns von keinem andern befreit, im Gegentheil uns einer weit fürchterliicheren und unheilvolleren Zukunft entgegenzuführen droht?

Man durchgehe alle Reformen oder Neuerungen (auf dem Gebiete der Religion) eine nach der andern, welche seit sechzig Jahren die katholische Organisation unseres Vaterlandes allmählich in eine gottlose umwandeln. Welche von diesen Neuerungen war eine Forderung wirklicher socialer Nothwendigkeit? Welche derselben hat man nicht mit Gewalt eingeführt und gleichsam wie einen groben Keil in das katholische Herz unseres Volkes eingezwängt, auf dass er allgemach den Schlägen nachgebend, welche die wuchtige Keule des ungeschlachten Liberalismus mit einem Decret nach dem andern auf denselben führte, ganz eindringe? Eine Schöpfung des Staates waren alle die sogenannten Forderungen der Zeit; von staatswegen hat man die Revolution hier eingeführt; von staatswegen und vorsätzlich hat man sie unterhalten; gelagert wie ein feindliches Heer lebt sie auf unserm Boden, und auf unsere Kosten mästet sich ihre Bureaukratie, welche einzig deren Wohlthaten ausbeutet. Hier hat der Baum der Revolution weniger als bei einem andern Volke von selbst Knospen getrieben; hier gelang es ihm weniger als bei einem andern Volke Wurzeln zu fassen. Nach mehr als einem halben Jahrhundert Gesetzmacherei, ist hier doch das ganze liberale Zeug nur erkünsteltes Machwerk; eine Verordnung brachte es hervor, eine andere könnte es wegwischen, ohne im Mindesten den Boden unserer Nationalität zu beschädigen.

Es gibt keine Bewegung des Liberalismus, die nicht weit eher ein Truppenaufstand als das Volk ausgeführt hat. Selbst die Wahlen, die man als den heiligsten und unverletzlichsten Act der freien Völker preist, fabricirt die Regierung, wie Niemandem unbekannt ist, stets nach ihrem Bilde und Gleichnisse. Und was ferner noch? Selbst der Massstab der Mehrheit, die liberale Elle vorzugsweise, würde, ehrlich angewendet, die Frage zu Gunsten der katholischen Organisation des Landes und gegen seine liberale oder rationalistische Einrichtung entscheiden. In der That. Die neueste Statistik der Bevölkerung gibt folgendes Bild von den andersgläubigen Secten in unserm Vaterlande.

Wohl bemerkt, sind die Angaben, weil aus amtlicher Quelle, unverdächtig.

Es gibt in Spanien nach der letzten Volkszählung:

Juden	402
Protestanten verschiedener Secten	6654
Erklärte Freidenker	452
Indifferente	358
Spiritisten	258
Rationalisten	236
Deisten	147
Atheisten oder Gottesleugner	104
Sectirer der allgemeinen Moral	19
Sectirer der natürlichen Moral	16
Sectirer des Gewissens	3
Sectirer der speculativen Religion	1
Positivisten	9
Materialisten	3
Muhamedaner	271
Budhisten	208
Heiden (!)	16
Anhänger des Konfutius	4
Ohne bestimmtes Glaubensbekenntniss	7982

Wir fragen nun: Ist es gerecht und vernünftig, wenn man diesen verschwindend kleinen Gruppen von Sectirern zu Liebe, von denen es manchem schwer fallen würde, das Glaubensbekenntnis seiner sonderlichen Secte genau zu bestimmen, die religiöse und sociale Lebensart von 18 Millionen Spanier preisgibt, welche als Katholiken das Recht haben, katholisch zu leben und vom Staate. dem sie mit ihrem Blut und Geld dienen, auch katholisch behandelt zu sein? Finden wir hier nicht die empörendste Unterdrückung der Mehrheit durch eine freche Minderheit, die ganz und gar unwürdig ist auf die Geschicke des Vaterlandes einen so entscheidenden Einfluss auszuüben. Welche Gründe einer Hypothese liessen sich denn hier anführen, um den Liberalismus oder den gesetzlichen Atheismus in unsere Gesellschaft einzuführen?

Fassen wir Alles kurz zusammen:

Die katholische T h e s e ist das Recht, welches Gott und seinem Evangelium zusteht, in der gesellschaftlichen Sphäre ausschliesslich zu herrschen, und die Pflicht, welche alle Stände und Ordnungen dieser Sphäre haben, Gott und dem Evangelium sich zu unterwerfen. Die revolutionäre T h e s e oder die These des Umsturzes ist das unbegründete, fälschliche Recht, welches die Gesellschaft zu haben behauptet, für sich allein und ohne irgend welche Unterwerfung Gott und seinem Glauben gegenüber in völliger Emancipation von jeglichen Gewalten zu leben, welche nicht von ihr herkommen.

Die H y p o t h e s e, welche zwischen diesen beiden Thesen uns die liberalen Katholiken fortwährend vorpredigen, ist eben nur eine Verkümmerung der unbedingten Rechte Gottes, dargebracht als ein Versöhnungsopfer auf den Altären einer erlogenen Eintracht zwischen Ihm und seinem Widersacher. Zu diesem Ende (seht die Verschlagenheit der Umsturzpolitik!) sucht man in jeder Weise die Ansicht zu verbreiten, dass die spanische Nation sich schon in solchen Zuständen befinde, die ihr nicht erlauben ihre Risse mit einem andern Flicklappen auszubessern, als mit dieser Art von Vermittlung oder Vergleich zwischen den angeblichen Rechten des widerspenstigen Staates und den begründeten, unverjährbaren Rechten Gottes, seines einzigen Herrn und Königs. Und während man uns beständig vorhält, dass Spanien sich bereits in dieser unglücklichen H y p o t h e s e befinde, was eine grundfalsche Mähre und vorderhand blos ein schändlicher Wunsch ist, so arbeitet man doch ohne Rast und Ruh mit allen zu Gebote stehenden Mitteln, dass diese ersehnte H y p o t h e s e sich thatsächlich verwirkliche, dass eines Tages die katholische T h e s e wirklich unmöglich werde, und die unverschämte T h e s e des Umsturzes eine unvermeidliche Klippe werde, an welcher unsere Nationalität und unser Glaube elendiglich Schiffbruch leide. Schwere Verantwortung vor Gott und dem Vaterland lastet auf Allen, die mit Wort oder That, mit direkter Mitwirkung oder einfacher Unterlassung sich zum Mitschuldigen dieser verabscheuungswürdigen Hinterlist machen, mit welcher man unter

dem falschen Vorwande des geringen Uebels und der hypothetischen
Umstände nichts Anderes erreicht, als die Anstrengungen Jener,
die behaupten, dass in Spanien die unbedingte sociale Oberherrschaft noch allenthalben möglich sei, zu vereiteln und diejenigen
kräftig zu unterstützen, die mit unverdrossener Emsigkeit wühlen
und arbeiten, auf dass eines schönen Tages in demselben die sociale
Oberherrschaft des Teufels aufkomme!

Schlusswort.

Dies mag genügen Nicht die Parteileidenschaft hat uns etwa
diese einfachen Betrachtungen in die Feder diktirt, noch hat irgend
welche Triebfeder menschlichen Grolles uns dabei geleitet. Wir
versichern dieses vor Gott, wie wir es thun werden, wenn wir auf
dem Todbette liegend schon die Vorladung vor den furchtbaren,
unbestechlichen Richterstuhl erhalten.

Unser Streben war mehr logisch als beredt zu sein. Bei
näherer Betrachtung wird man bemerken, dass wir unsere Schlussfolgerungen, auch die härtesten und herbsten, eine vor der andern,
und alle von einem unumstösslichen allgemein bekannten Princip
abgeleitet haben, und zwar nicht mit den Krümmungen und Wen-
dungen des Trugschlusses, sondern mit dem aufrichtigen und klaren
Vernunftschluss, der gerade ausgeht, ohne aus blinder Liebe oder
Furcht nach rechts oder links abzuweichen. Was als gewiss und
sicher die Kirche in den Büchern der Dogmatik und Moraltheologie
uns gelehrt hat, das haben wir einfach unsern Lesern zu Gemüthe
zu führen gesucht.

Wir übergeben diese bescheidenen Blätter den vier Winden;
trage sie der Hauch Gottes, wohin er will. Wenn sie etwas Gutes
stiften können, so thun sie es für ihn, und es möge dasselbe dem
Verfasser, welcher eine gute Absicht dabei verfolgte, zur Abrech-
nung seiner vielen Sünden dienen.

Noch ein Wort, es ist das letzte und vielleicht das wichtigste.
Mit Beweisführungen und Erwiederungen bringt man zuweilen den
Gegner zum Schweigen, und es ist dies manchmal nichts Geringes.
Jedoch mit diesem allein bewirkt man vielmal seine Bekehrung
nicht. Dazu nützen die inbrünstigen Gebete vielleicht gewöhnlich
mehr als die fein gesponnenen Vernunftschlüsse. Die Kirche Gottes
verdankt mehr Siege dem Herzensseufzer ihrer Kinder, als der Feder

ihrer Controversisten und dem Schwerte ihrer Feldherren. Das
Gebet sei also die Hauptwaffe unserer Kämpfe, ohne die übrigen
zu vernachlässigen. Eher durch die Kraft des Gebetes stürzten die
Mauern von Jericho zusammen, als durch den Andrang der Belager-
ungsmaschinen; auch hätte Josua den grimmigen Amalech nicht be-
siegt, würde nicht Moses mit zum Himmel erhobenen Händen während der Schlacht inständig gebetet haben. Es mögen daher alle
Guten beten, beten ohne Unterlass. Wir schliessen somit diese
Artikel mit dem ab, was ihren ganzen Zweck in sich zusammenfasst: *Ecclesiae tuae, quaesumus Domine, preces placatus admitte, ut de-
structis adversitatibus et erroribus universis, secura Tibi serviat libertate:*
„Wir bitten dich o Herr, nimm das Flehen deiner Kirche gnädig
auf, auf dass sie nach Vernichtung der feindlichen Angriffe und
aller Irrthümer dir im sichern Genusse der Freiheit dienen möge "

A. M. D. G.